Eva-Maria Krämer

MISCHLINGE

Kosmos

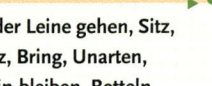

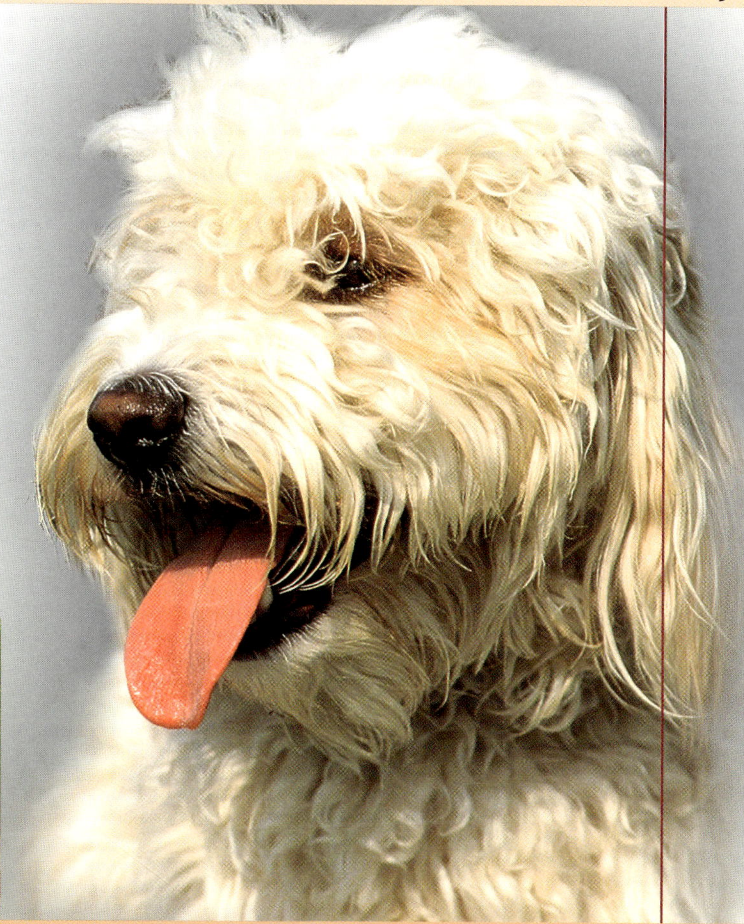

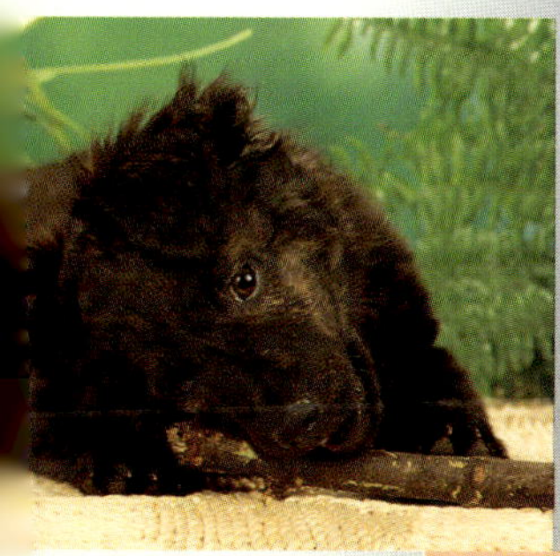

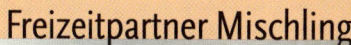
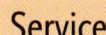

So sind Mischlinge

So sind Mischlinge

▶ Geliebte Stiefkinder

Rocky – in ihn verliebte sich sein Herr-chen, als er fünf Wochen alt war. Für fünfzig Mark verkaufte ihn die Besitze-rin einer labradorähnlichen Misch-lingshündin, die sich mit einem Sibe-rian Husky eingelassen hatte, als einen von neun Welpen. Sobald die Kleinen fressen konnten, verließen sie, so sich ein Liebhaber fand, die mütterliche Fürsorge. Der stolze Hundebesitzer hatte gerade ein eigenes Ladenlokal eröffnet, der Gedanke an einen Wach-hund reizte ihn, und seine Freundin fand ihn ja auch so süß. Sein Mitarbei-ter nahm gleich Rockys Bruder mit.

Nun standen die beiden mit den fünf Wochen alten Welpen da, die im-mer dann mußten, wenn Kundschaft im Laden stand. Nach Hause durfte er seinen Rocky nicht mitnehmen. Völlig unbedarft in Hundefragen, kam, was kommen mußte. Der Welpe wurde nicht stubenrein, der junge Mann war gebunden. Mit Hund war er bald kein willkommener Gast mehr, denn nie-mand wollte Hundehäufchen in der Wohnung haben. Er sah ein, die An-schaffung des Hundes war eine Fehl-entscheidung gewesen. Der benachbar-te Inhaber einer Pizzeria übernahm Rocky ...

Was mag aus diesem Hundeschick-sal geworden sein? Als ich Rocky mit sechs Wochen kennenlernte, war er schon eine aufmüpfige Persönlichkeit, die sich beim Versuch, ihn auf den Rücken zu legen, heftig wehrte. Da-durch, daß er so früh von der Mutter wegkam, fehlte ihm die wichtigste Er-ziehungsphase unter Hunden. Sein des Hundeverhaltens unkundiger Herr trug zur weiteren Verwirrung der Hundekindseele bei. Die Prognose für eine unbeschwerte Zukunft ist nicht rosig, und leider ist sie kein Einzelfall.

Der Mischlingshund steht, was seine Anzahl betrifft – weit an der Spitze der beliebtesten Hunde. Das bedeutet je-doch nicht, daß alle Mischlingshunde geliebte Hunde sind. Überprüft man die Gründe, warum Hunde in Tierhei-men landen, so erfährt man, daß 90 % von ihren Besitzern verstoßene Hunde sind. Unschuldig hinter Gitter geraten, warten Sie auf ein neues Heim.

Alljährlich vor Weihnachten sowie um die Reisezeit gehen herzergreifen-de Geschichten durch die Presse. Einst als niedliche Hundebabys angeschafft, werden sie nach geraumer Zeit als Be-lastung empfunden und ausgesetzt. Es sind nicht die teuren Rassehunde, die man sich selbst überläßt; meist sind es die Mischlinge, die man billig oder gar geschenkt bekam, weil jemand froh war, sie loszuwerden. Solange sie klein und putzig waren, machte es ja noch Spaß. Aber ein erwachsener schlappohriger und ringelrutiger Schäferhund, groß wie ein Kalb und einen halben Wochenlohn verschlingend, der aus Langeweile die Wohnung demoliert, ist eine andere Sache. Wohin mit dem lästigen Mitgeschöpf? Man bringt ihn als „gefunden" ins Tierheim und wiegt sich im Glauben, daß er es dort gut hat und nur wirklich hundeliebende Menschen sich dort einen Gefährten holen.

So sitzt er nun, der arme Kerl, wertlos, häßlich, verachtet, seelisch verkümmert und wartet, wartet, wartet. Worauf? Auf verständnisvolle Menschen, die ihm ein liebevolles Heim geben und sein gestörtes Verhalten zu ordnen versuchen. Oder auf einen neuen Herrn, der billig einen großen, angsteinflößenden Wachhund für sein Grundstück sucht?

Wie der arme Sancho, ein Mastino-Mix, der mit acht Jahren ein vermeintlich gutes Heim mit Garten fand. Leider – beziehungsweise glücklicherweise – war er nicht aggressiv, seine donnernde Stimme war Abwehr genug. Da er unerzogen und mit Bärenkräften ausgestattet war, ging sein ängstliches Herrchen bald nicht mehr mit ihm spazieren, und eines Tages hörten wir ihn nicht mehr. Er war, inzwischen elfjährig, in ein anderes Tierheim gebracht worden. Statt seiner blühte einem niedlichen Rottweiler-Welpen aus einer Billigzucht ein ähnliches Tierheimschicksal. Auch dieser Hund war im Grunde nicht aggressiv, aber im Alter von acht Monaten hatte er die Rudelführung übernommen und landete im Tierheim. Er hatte sein kurzes Junghundeleben an einer Meterkette an der Heizung im Flur verbringen müssen.

Nicht alle Tierheime können sich um jeden einzelnen Hund kümmern und sich vergewissern, daß er wirklich an Tierfreunde kommt. Wenn sie es tun, holen sie zwei von zehn Hunden zurück, weil das Zusammenleben zwischen Hund und neuer Familie nicht klappen wollte. Schuld des Hundes? Sicher nicht!

Inzwischen ist es chic, einen Mischlingshund zu haben. Die Medien sorgen schon fast für ein schlechtes Gewissen, wenn man sich überlegt, einen Rassehund zu kaufen.

Und diejenigen Hundevermehrer, die die Rassehundezucht in Verruf gebracht haben, haben sich längst darauf eingestellt. Ein Blick in die Tierbörse einer Tageszeitung zeigt:

Unter der gleichen Telefonnummer, jedoch in mehrere Anzeigen aufgeteilt, steht: „Mischlings-Welpen aus Spanien, Pudel-Welpen, Yorkshire-Mischlinge, Yorkshire-Welpen."

Ein bekannter Massenzüchter-Händler annonciert: „Zucht soundso verkauft Golden Retriever, Labrador, Westhighland, Zwergbobtail, Lhasa-Apso, Dackel u. kl. Mix."

Sicherlich keine Zufallsprodukte sind die nachfolgend angebotenen Mischlinge: „Mastino-Pitbull-Welpen, bildschön, zu verkaufen."

Eine ebenfalls sehr häufige Anzeige lautet: „Wunderschöne Berner Sennen-Mischlingswelpen, 480,–."

Oftmals heißt es auch nur: „Süße Mischlinge, 10 Wochen, zu verkaufen."

Wo sonst soll man einen Mischlingswelpen finden? In Tierheimen

Gelegentlich findet man solch liebevoll aufgezogene Mischlingswelpen.

sind Welpen eher selten anzutreffen. Und so profitieren wieder einmal die falschen Leute von der Unkenntnis der Hundekäufer zu Lasten der Hunde, deren Leben nur in Welpenproduktion besteht. Und zu Lasten der Welpen, die in zarter Jugend ihre wesentlichen Entwicklungsphasen zusammengepfercht in Transportkisten und Hundeboxen verbringen. Streß macht sie krankheitsanfällig, von den Verhaltensschäden ganz zu schweigen.

Die Anschaffung eines Mischlingshundes bedarf vielleicht sogar noch größerer Sorgfalt als die eines Rassehundes. Dieses Buch soll helfen, die Entscheidung „pro Mix" nicht zu bereuen. Aber bitte lassen Sie sich nicht zum Opfer des oben erwähnten neuen Markttrends machen. Sie erreichen damit genau das, was Sie verhindern wollten. Sie tragen zur Vermehrung von Hundeelend bei!

▶ Was ist ein Mischling?

Unter einem Mischlingshund versteht man den Nachkommen zweier verschiedenrassiger Hunde oder den Nachkommen von Mischlingen untereinander. Leider werden diese Promenadenmischungen, Straßenköter, Spitzpudeldackel und wie sie sonst noch genannt werden, von manchen Leuten als minderwertig angesehen. Dabei sind viele unserer besten Hunderassen nichts anderes als erfolgreiche Kreuzungsprodukte, die man rein weiterzüchtete.

Bis die Rassehundezucht aufkam, wurden Hunde, abgesehen von den sogenannten Schoßhunden, ausschließlich nach Leistungsfähigkeit gezüchtet. Diejenigen Hunde wurden verpaart, die die erwünschten Eigenschaften am ausgeprägtesten besaßen. Ausgangspunkt dafür war die Hoffnung, daß sie diese an ihre Nachkommen weitergeben. Wie die Elterntiere aussahen, spielte dabei nur dann eine Rolle, wenn bestimmte äußere Merkmale für die Erfüllung der gestellten Aufgaben wichtig waren. So versteht es sich von selbst, daß edle Windhunde nicht mit schweren Doggen gekreuzt wurden, wenn die Nachzucht wiederum die Aufgaben eines Hetzhundes ausüben sollte. Wollte man jedoch bei den schweren Hunden Schnelligkeit und Hetztrieb fördern, war die Kreuzung durchaus angebracht. War eine Kreuzung besonders gut gelungen, versuchte man, sie in dieser Form weiterzuzüchten, um mit größerer Sicherheit die erwünschten Hunde zu bekommen und nicht auf den Zufall angewiesen zu sein.

Aber auch völlig gegensätzliche „Rassen" wurden zu bestimmten Zwecken gekreuzt. Beispielsweise ist belegt, daß Arbeitscollies mit Gordon Setter gekreuzt wurden, um Intelligenz und Führigkeit bei den Vorstehhunden zu verbessern (Watson 1907).

Um die Wende vom 18. zum 19. Jahrhundert kommen die ersten Hundebücher auf. Diese Entwicklung steht

Wer kann dem freundlichen Charme dieses wundervollen Hundegesichtes widerstehen?

deutlich im Zusammenhang mit den zunehmend an Bedeutung gewinnenden Naturwissenschaften, deren Entwicklung in Europa untrennbar mit der geistigen Strömung der Aufklärung verbunden ist. Sie beschreiben die Wind- und Jagdhunde der Adligen, aber auch die örtlichen Hüte-, Hirten- und Wachhundschläge. Der Gedanke der Unterscheidung nach Rassen im modernen Sinn sowie, als logische Folge davon, der Gedanke der Reinzucht gewinnen allmählich an Boden (Matenaar 1983). Mitte des 19. Jahrhunderts kommen die ersten Hundeausstellungen in England auf. Zunächst sind sie den Jagdhunden vorbehalten, kurz danach dürfen auch die Hütehunde ausgestellt werden. Das ist der Start-

▶ Info

Die Rassehundezucht in unserem Sinne ist noch keine 150 Jahre alt! Hunde hingegen begleiten Menschen seit Tausenden von Jahren. Neueste Forschungsergebnisse wollen nachweisen, daß Hunde schon vor 100 000 Jahren domestiziert wurden. Von Anfang an waren sie auch ohne Stammbaum unentbehrliche Helfer des Menschen.

Lurcher sind zärtlich, anschmiegsam und ruhig im Haus, doch entfaltet sich ihr ganzes Windhund-Erbe, wenn beim Spaziergang ein Häschen auftaucht.

schuß zur Rassehundezucht und, man sollte es kaum glauben, der Beginn der Blütezeit des Mischlingshundes!

Was da nämlich an „neuen" Rassen vorgeführt wurde, waren oft nichts anderes als Mischlingshunde. Man gab allen möglichen mehr oder weniger zweckdienlichen Mixturen Namen, die meist in Beziehung zu ihrem Herkunftsort oder Schöpfer standen. So entstanden um diese Zeit viele der besten und heute beliebtesten Hunderassen. Ich denke da z. B. an die vielen Terrier-Rassen. In Deutschland schuf man den Leonberger, Dobermann, den Boxer, den Hovawart, den Pudelpointer, um nur einige zu nennen. Hatte man den erwünschten Hundetyp erreicht,

wurde dieser als „Rasse" rein weitergezüchtet. Beispiele der letzten 50 Jahre sind der Kromfohrländer und der Eurasier, die inzwischen längst als stabile Rassen anerkannt sind. Neuschöpfungen wie der Elo und der Wäller stehen noch am Anfang ihrer Laufbahn, aber ihre Züchter gehen neue Wege mit dem Ziel des idealen Familienhundes, bei dem das Aussehen klar an zweiter Stelle steht.

In England sehr beliebt ist der Lurcher. Diese „Rasse" wird von einem eigenen Verein betreut, der Rennen und Ausstellungen veranstaltet. Dennoch sind es echte Mischlingshunde, und man ist stolz darauf. Voraussetzung dafür, daß sich eine solche Mischung „Lurcher" nennen darf, ist, daß ein Elternteil Greyhound, Deerhound oder Whippet ist.

In England gibt es darüber hinaus noch einige Terrier-Kreuzungen, die zu bestimmten jagdlichen Zwecken gezüchtet werden. In Teilen Schleswig-Holsteins züchtet man auf den Bauernhöfen einen kleinen, terrierartigen Hundeschlag, den „Rattenbeißer", der in den Ställen lebt und sie von Ratten freihält.

Auf der Suche nach einheimischen Jagdhunderassen fand ich in Italien und Spanien bei ernsthaften Züchtern oder Jägern fast nur Mischlinge. Sie mischen gezielt verschiedene Jagdhunderassen, für deren Erwerb zur Verbesserung der Zucht man oft viel Geld ausgibt und lange Wege nicht scheut. Sie haben das Bestreben, Jagdhunde zu schaffen, die sich ideal an die örtlichen Gegebenheiten anpassen und höchst leistungsfähig sind.

▶ **Charaktereigenschaften**

Sind Mischlinge wirklich treuer, gesünder und klüger als Rassehunde?

Diese Frage kann man nicht einfach mit Ja oder Nein beantworten. Ich kenne viele gesunde, treue und äußerst kluge Rassehunde ebenso wie kränkliche, streunende Mischlinge und umgekehrt.

Mischlinge haben den Vorteil, daß sie die angezüchteten, übertriebenen Merkmale rassereiner Eltern kaum oder gar nicht aufweisen. Sie sind frei von den oft als rassetypisch bezeichneten „Behinderungen" mancher reinrassiger Schausieger und den durch enge

Zuchtbasis angehäuften Erbdefekten (zu kurze Nase, Beckenanomalien, Augenliderdeformationen u. v. a.). Aber leider fehlt in der Regel dem Mischlingswelpen die sorgfältige Aufzucht als Fundament für ein gesundes, widerstandsfähiges Leben. Andererseits zieht wohl niemand mit teurem Aufwand Kümmerlinge eines Mischlingswurfes auf. Nur die kräftigsten Exemplare läßt man am Leben. So ist von vornherein eine gewisse Auslese gegeben, vor der sich viele Rassehundezüchter scheuen.

Wie steht es nun mit der Klugheit der Mischlinge? Sind sie tatsächlich intelligenter als Rassehunde? Das geradezu menschliche Verhalten so manches Fiffis läßt dies leicht vermuten. Darüber wird ebenso leicht vergessen, daß die hochprämierten Rassehunde oft als Zucht- und Schauobjekte in Zwingern leben und darin einfach verdummen müssen, weil sie gar keine Gelegenheit dazu haben, ihre geistigen Fähigkeiten zu entfalten.

Wie klug, wie gesund und wie treu ein Hund ist, hängt in hohem Maße von der Einstellung des Besitzers und der daraus folgenden Haltung und Erziehung des Hundes ab. Wenn Sie einige Jahre Ihres Lebens mit einem Mischlingshund teilen wollen, müssen Sie Überraschungen humorvoll hinnehmen. Versuchen Sie ihn als Hund mit allen nützlichen und manchmal lästigen Eigenschaften seiner Art hinzunehmen. Dann werden Sie in Ihrem Mischlingshund den besten, klügsten, treuesten und gesündesten Kameraden finden, den Sie sich wünschen können. Und da der Begriff Schönheit relativ ist, wird er in Ihren Augen auch der schönste Hund auf Erden sein!

Ein Mischling zieht ein

Ein Mischling zieht ein

▶ Auswahl

Drum prüfe, wer sich ewig bindet ...
Ein Hundeleben dauert nicht ewig,
doch 10 bis 15 Jahre können zur Un-
endlichkeit werden, wenn das Verhältnis zwischen Hund und Mensch nicht
harmonisch ist. Deshalb sollte man einen neuen Hausgenossen nur dann bei
sich aufnehmen, wenn man sich
gründlich überlegt hat, ob man die
Mühen der Tierhaltung wirklich in
Kauf nehmen möchte.

▶ Der Kostenfaktor

Auch der gesündeste Hund muß hin
und wieder zum Tierarzt. Er braucht
jährlich Schutzimpfungen und Wurm-
kuren. Jeder Hund kann sich verletzen
und braucht dann tierärztliche Hilfe.
Und da Sie Ihren Vierbeiner lieben,

▶ Checkliste Kosten

☐ Futter

☐ Ausrüstung

☐ Impfungen

☐ Wurmkur

☐ Hundesteuer

☐ Tierhalterhaftpflichtversicherung

werden Sie den Arzt aufsuchen, wann
immer Sie das Gefühl haben, daß sich
der Hund nicht wohl fühlt. Tierarztho-
norare sind ein nicht zu unterschätzen-
der Kostenfaktor!

Hundesteuer muß jährlich bezahlt
werden und ist in manchen Großstäd-
ten empfindlich hoch. Auch eine Hun-
dehaftpflichtversicherung ist unum-
gänglich. Selbst das harmloseste Hündchen muß versichert werden. Auch
wenn es nicht bissig ist, könnte es einen Verkehrsunfall verursachen, für
dessen Folgekosten Sie aufkommen
müssen.

Die Futterkosten hängen ab von der
Größe des Hundes und den Möglichkeiten der Futterbeschaffung.

Die Anschaffungsausgaben für einen Hund sind verhältnismäßig gering. Haarbürsten aus dem Supermarkt
tun gute Dienste. Was Sie für Halsband
und Leine ausgeben, bleibt Ihnen überlassen, es gibt teure Schmuckhalsbän-
der und einfache Ketten. Auch bei der
Ausstattung des Lagers Ihres Hundes
haben Sie einen großen Kostenspiel-
raum: Sie können preiswert selbst etwas Passendes basteln oder ein luxuriö-
ses Hundeheim kaufen.

▶ Kind und Hund

Kinder mit einem Hund aufwachsen zu
lassen, ist eine wunderbare Erfahrung
für ein Kind, die es sein Leben lang prä-

gen wird. Sie sollten sich aber im klaren darüber sein, daß für die Hausfrau mit kleinen Kindern ein Hund eine ungeheure Mehrbelastung bedeutet.

Auch bei Hunden, die Kinder lieben, ist immer ein wachsames Auge angebracht, um Mißverständnissen zwischen Kind und Hund vorzubeu-

> **TIP**
> *Nur dann macht die Anschaffung eines Hundes Freude, wenn die Mutter es versteht, Kind und Hund in sinnvoller Weise einander näherzubringen.*

gen, die letztlich für das Kind eine Gefahr darstellen können. Junge Mütter sind meist besonders auf Hygiene bedacht. Ein Hund bringt Schmutz in die Wohnung, verliert Haare, wälzt sich mal in Unrat – kurz, wer großen Wert auf Sauberkeit legt, wird unter dem

Vierbeiner leiden. Von einem etwa zehnjährigen Kind kann man nicht erwarten, daß es sich allein um den Hund kümmert und die volle Verantwortung für ihn trägt. Bei einem Teenager ist das schon eher möglich, aber bedenken Sie, daß der Hund in der Regel auch dann noch im Hause sein wird, wenn Ihr Kind „flügge" geworden ist und die Familie verlassen hat. Dem Kinderwunsch nach einem Hund sollte man also nur nachgeben, wenn sich die ganze Familie einen Hund wünscht, insbesondere aber die Hausfrau, die die Mehrbelastung durch dieses neue Familienmitglied zu tragen hat.

► Hund und Hygiene

Es gibt einige Tierkrankheiten, die sich auf den Menschen übertragen. Solche Infektionen sind außerordentlich selten. Man sollte darauf achten, daß der Hund stets vollen Impfschutz gegen die üblichen Hundekrankheiten und die

Ein regelmäßig geimpfter und entwurmter Hund, der nicht unbeaufsichtigt herumstreunt, stellt für ein gesundes Kind kein Krankheitsrisiko dar.

Tollwut genießt und frei von Würmern und anderen Parasiten ist. Selbstverständlich hält man Futterschüsseln und Decken des Hundes sauber und achtet darauf, daß die Kinder vor dem Essen die Hände gründlich waschen.

▶ Zeitaufwand

Zeit ist heute teures Gut, und Zeit müssen wir reichlich auf unseren Vierbeiner verwenden. Wer ganztags außer Haus berufstätig ist, muß auf einen Hund verzichten. Es ist schlichtweg Tierquälerei, ihn den ganzen Tag in der Wohnung allein zu lassen. Als Meutetier braucht er Gesellschaft, wenn er nicht seelisch verkümmern soll. Ganz zu schweigen von der gesundheitlichen Belastung, wenn er den ganzen Tag einhalten muß. Auch ein Betreuer, der sich zwischendurch um den Hund kümmert, ist keine ideale Lösung, denn Sie laufen dabei Gefahr, daß sich der Hund ihm enger anschließt als Ihnen.

Wollen Sie unter keinen Umständen auf einen Hund verzichten und haben

> **Info**
>
> Ein Hund, der seine ganze Frischluft auf verkehrsreichen Straßen tanken muß, ist arm dran, denn seine Nase befindet sich genau in Höhe der Auspuffrohre und bekommt den größten Teil der ungesunden Abgase mit.

Zugang zu einem großen Garten, trennen Sie einen Teil davon ab, bauen ein wetterfestes Hundehaus und geben zwei Hunden eine neue Heimat. Sie können sich miteinander beschäftigen, bis Sie nach Hause kommen, mit ihnen spazierengehen und den Abend gemeinsam in der Wohnung verbringen. Bedenken Sie aber, daß zwei Hunde doppelte Kosten und Pflege sowie Erziehungsaufwand bedeuten. Sind Sie nur stundenweise außer Haus, läßt sich die Hundehaltung recht gut verantworten. Aber selbst wenn Sie den Hund den ganzen Tag um sich haben, müssen Sie Zeit für ihn aufwenden. Fast alle Hunde lieben Spaziergänge heiß und innig. Hunde müssen laufen, nicht nur, um sich zu bewegen, sondern auch als geistige Anregung und Kontaktpflege mit Artgenossen. Je nach Haarart Ihres Vierbeiners müssen Sie die tägliche Zeit für die Pflege einplanen. Vor allen Dingen erfordert die Erziehung Ihres Hausgenossen Sorgfalt und Zeit.

▶ Wohnsituation und die Größe des Hundes

Eine weitere Voraussetzung für die Hundehaltung ist die Lage des Wohnortes: In der Innenstadt können Sie einen Hund daran gewöhnen, sich im Rinnstein zu lösen, jedoch ist dies nicht

Jeder Hund braucht Bewegung.

ganz ungefährlich an verkehrsreichen Straßen.

Frei laufen und toben darf er nur dann, wenn Sie mit ihm zum nächsten Park oder hinaus ins Grüne fahren. Wollen Sie das täglich tun, bei jedem Wetter, das ganze Jahr hindurch? In der Großstadt ohne Auslaufmöglichkeit wäre nur ein Hundezwerg vertretbar, dem Sie in der Wohnung im Spiel Bewegung verschaffen können. Wenn Sie allerdings in unmittelbarer Nähe eines großen Parks wohnen, läßt sich auch in der Stadt ein größerer Hund gut halten.

Ein mittelgroßer oder größerer Hund darf es auch sein, wenn die Wohnung klein ist, Sie aber die Möglichkeit haben, täglich zwei Stunden mit ihm auf nahe gelegenen Feldern und Wiesen zu laufen. Zu Hause wird er dann schlafen wollen und auch sonst ausgeglichen sein.

Für einen schäferhundgroßen oder größeren Hund sollten Sie eigentlich eine geräumige Wohnung, am besten ein Haus mit Garten haben. Ein solches „Kalb" kann in einer kleinen Dreizimmerwohnung sehr lästig werden. Versprechen Sie sich jedoch nicht zu viel vom Garten. Ein kleiner Ziergarten wird rasch zur unansehnlichen Wüstenei. Sorgfältig gepflegte Beete und Blumenrabatten muß man durch klei-

> ### ▶ Info
>
> Viele Pflanzen sind gegen Urin empfindlich und gehen ein, wenn Fiffi daran sein Bein hebt. Sind Sie also ein Gartenfan und möchten es bleiben, überlegen Sie sich die Sache mit dem Hund bitte zweimal.

ne Zäune vor zerstörenden Hundepfoten retten. Der Rasen wird leiden, weil der Hund Pfade tritt und sein Bächlein häßliche Flecken verursacht.

Ein großer Garten erspart Ihnen keineswegs das Gassigehen, denn den notwendigen Auslauf verschafft sich ein Hund nicht von allein.

▶ Welcher Hund für mich?

Ein Mischlingshund soll es sein? – Bravo! Sie werden es nicht bereuen. Allerdings ist es gar nicht so leicht, den passenden Typ für sich zu finden, denn man kann nicht einfach in einem Buch über Hunderassen nachschlagen, um die geeignete Rasse auszusuchen. Der Mischlingshund vereint in sich oft die gegensätzlichsten Rassen, so daß man kaum vorhersagen kann, welche Charaktereigenschaften er aufweist, vor allen Dingen, wenn man die Eltern nicht kennt.

Es lohnt sich jedoch, vorab in einem guten Rassehundebuch, das im wesentlichen die Charaktereigenschaften und ursprünglichen Aufgaben eines Hundes beschreibt, die jeweiligen Eigenheiten verstehen zu lernen. Denn Ihr Hund wird mehr oder weniger mit einer oder mehreren Rassen verwandt sein, und je mehr Sie darüber wissen, desto besser für den späteren Umgang mit dem Hund.

Im Laufe der Jahrhunderte hat der Mensch Spezialisten für bestimmte Aufgaben gezüchtet, die nicht nur ein bestimmtes Äußeres gemeinsam haben, sondern auch Wesensmerkmale. Beides befähigt sie in besonderer Weise zur Erfüllung der vom Menschen zugedachten Aufgabe.

Nur noch wenige Hunderassen sind in ihrer ursprünglichen Aufgabe aktiv.

Wenige Jahrzehnte moderner Rassehundezucht nach vorrangig äußeren
Merkmalen konnten die charakterli-
chen Eigenschaften in manchen Fällen
den heutigen Bedürfnissen vielleicht
näherbringen, im wesentlichen blieben
sie jedoch erhalten.

So hat ein Windhund noch immer
einen starken Hetztrieb, ein Hirtenhund ist nach wie vor eine dominante,
sich ungern unterwerfende Persönlichkeit, der Jagdhund kann sich keiner
Wildfährte entziehen, und der Hütehund ist ganz eingestellt auf enge Zusammenarbeit mit seinem Herrn.

Ebenso unterschiedlich sind die Bedürfnisse und Vorstellungen der Menschen von ihrem Hund. Wesensmerkmale, die der eine schätzt, sind für den
anderen unerträglich. Beide Male sind
es gute, für ihre Rasse typische Hunde,
der falsche Hund beim falschen Menschen aber eine Katastrophe. Deshalb
sollte man sich zunächst einmal über
seine eigene Persönlichkeit im klaren
sein und zum zweiten genau überlegen, womit kann ich leben und womit
nicht. Sich einen entsprechenden Rassehund auszusuchen ist leicht, und
selbst da gibt es noch Überraschungen,
aber bei einem Mischlingshund sind
Prognosen fast unmöglich. Machen Sie
sich deshalb mit den verschiedenen
Rassen oder Rassegruppen vertraut,
und lernen Sie Hundeverhalten. Dazu
gibt es hervorragende Literatur. Sie
können Ihren neuen Hausgenossen
viel besser einschätzen und ihn von
Anfang an so erziehen und prägen, daß
das Zusammenleben eine positive Erfahrung wird.

Wenn Sie sich nur von der Imposanz
eines großen Hundes beeindrucken lassen und sonst keine Eigenschaften wei-

Solch ein kurzbeiniger Hund ist kein idealer
Fahrradbegleiter für längere Strecken.

ter an ihm schätzen, werden Sie die
Wahl bereuen. Ein großer Hund stellt
sehr viel höhere Ansprüche an den
Hundhalter: Lebensraum, höherer Fut-
terverbrauch, intensive Erziehung,
mehr Platz im Auto, besondere Berück-
sichtigung bei der Urlaubsplanung, er
bringt mehr Schmutz herein usw.

Ein kleiner Hund paßt sich leichter
an Ihre Lebensbedingungen an und er-
füllt ebenso die gefühlsbedingten Bedürfnisse, die wir an einen Hund stel-

> **TIP**
> *Ein großer Vorteil ist es auch,
> daß man einen kleinen
> Hund im Krankheitsfall, auf
> Rolltreppen usw. tragen
> kann.*

len, wie ein großer. Er ist ein immer
anwesender Ansprechpartner, er verlei-
tet uns zu Spaziergängen, ist wachsam
und meist langlebiger und gesünder als
die Hunderiesen. Für ältere oder behin-
derte Menschen ist in jedem Fall ein
kleiner Hund der geeignetere Partner.
Diese Hunde sind meist sehr an-

schmiegsam und bereiten in der Erziehung keine Probleme. Ein ungezogener kleiner Hund ist weniger problematisch als ein verwöhnter Schäferhund-Mischling. Und im Bedarfsfall finden sich leichter liebe Menschen zur Betreuung eines kleinen Hundes als zur Aufsicht über einen großen. Kleine Mischlingshunde finden deshalb schnell ein Plätzchen, und die großen, schwerer zu vermittelnden Hunde sind im Tierheim leider in der Überzahl.

Mittelgroße Hunde sind meist sehr lauffreudig und lebhaft. Sie brauchen viel Bewegung, sind gelehrig und umgänglich. Da sie der menschlichen Körperkraft unterlegen sind, kommt man wahrscheinlich auch ohne strengere Erziehungsmaßnahmen aus. Wenn Sie also zu den Menschen gehören, die dazu neigen, ihren Hund zu verwöhnen, sollten Sie hier Ihre Grenze ziehen.

Schäferhund-Typen, Dobermann-Mischlinge u. ä. dürften ausgesprochen wachsam sein und viel Bewegung und Beschäftigung brauchen. Eine gründliche Ausbildung ist angebracht. Meist sind diese Hunde sehr menschenbezogen, lernfreudig und brauchen eine Aufgabe. Die Erziehung ist wenig problematisch, doch sie muß konsequent durchgeführt werden, besonders wenn der Hund eine gute Portion Schärfe mitbringt.

Jagdhundähnliche Hunde besitzen wahrscheinlich eine starke Jagdpassion. Gepaart mit der Schärfe eines Schäferhundes, sind diese Mischlinge oft die übelsten Wilderer. Eine Jagdpassion muß gezügelt werden, was nicht einfach ist. Ist man absoluter Laie auf dem Gebiet der Hundehaltung und -erziehung, sollte man sich gut überlegen, ob man in der Lage ist, diese meist sehr temperamentvollen Vierbeiner halten zu können. In wald- und wildreicher Gegend ist ein solcher Hund ein Problem. Das gilt auch für die in letzter

Alle Hunde lieben es, mit Artgenossen zu spielen und zu toben.

Zeit häufig anzutreffenden Husky-Mischlinge. Diese wunderschönen Hunde mögen zwar den zärtlichen, freundlichen Charakter des Huskys geerbt haben, aber ihre ausgeprägte Jagdleidenschaft und die Unabhängigkeit vom Menschen gingen sicher nicht verloren, was diese Hunde besonders schwierig macht. Keine Umzäunung ist sicher genug, und meist bleibt nur lebenslanger Leinenzwang.

Ähnliches gilt für Windhund-Mischlinge. Wahrscheinlich überwiegt der angeborene Hetztrieb, und der Hund ist nur schwer zu erziehen und sehr selbständig. Man kann ihn kaum jemals von der Leine lassen. Im Hause sind diese Tiere meist sehr ruhige, angenehme und anhängliche Hausgenossen. Erziehungsdrill ist ihnen verhaßt. Zu dieser Kategorie zählen auch die aus Spanien häufig eingeführten Podenco-Typen: schlanke, mager wirkende Hunde, die oft von mitleidigen Menschen mitgebracht werden. Sie bleiben jedoch Vollblutjagdhunde ohne engere Beziehung zum Menschen.

Große und schwere Hunde, die an einen Neufundländer oder Leonberger erinnern, sind als erwachsene Tiere meist ruhig, gutmütig und ausgeglichen. Ihr Drang zum Spazierengehen ist mäßig. Sie sind zuverlässige Wächter, jedoch keine Kläffer. Unter ihnen sind oft die liebevollsten Kinderhüter zu finden. Man sollte solchen Hunden entsprechende Körperkraft entgegensetzen können. Sie neigen möglicherweise zu Sturheit, deshalb muß man eine gute Portion Durchsetzungsvermögen haben.

Hirtenhund-Typen (z. B. Bobtail, Kuvasz), Rottweiler-Mischlingen u. ä. ist eine gewisse Unabhängigkeit eigen.

> **Info**
>
> Abgesehen davon, daß ein Hund das ganze Jahr über Haar verliert, wechseln die stockhaarigen Hunde im Frühjahr und Herbst ihr Fell. Die reiche Unterwolle fliegt in Büscheln durch die Wohnung, haftet an Teppichen und Kleidung und verunziert Polstermöbel. Für empfindliche Mitbewohner kann ein stockhaariger Hund zur Plage werden.

Ihre Persönlichkeit läßt sich nicht so ohne weiteres beugen. Sie versuchen immer wieder, sich ihrem Herrn gegenüber durchzusetzen. Da sie zudem oft sehr temperamentvoll sind, sollten sie nicht in Anfängerhände gehen. Haben die beiden letztgenannten Mischlingstypen ein Elternteil, das Schärfe einbringt und sich rasch aus der Ruhe heraus in Angriffsstimmung versetzen läßt, können große und starke Tiere zur Gefahr werden. Wenn man sie jedoch zu führen versteht, sind unter ihnen die zuverlässigsten Tiere anzutreffen. Lassen Sie sich jedoch niemals blenden und nehmen einen solchen Hund auf, wenn Sie sich der Konsequenzen nicht voll bewußt sind. Solche Hunde sind eine echte Aufgabe.

Kurzhaarige Hunde (z. B. Dalmatiner, Dobermann) sind pflegeleicht und tragen wenig Schmutz in die Wohnung. Ihre kurzen Haare fallen kaum auf Teppichen und Möbeln auf. Sie sind allerdings hitze- und kälteempfindlicher als stockhaarige oder langhaarige Hunde.

Stockhaarige Hunde (z. B. Deutscher Schäferhund, Labrador Retriever, Rottweiler) sind ebenfalls problemlos in der Pflege. Da sie ein doppeltes Haarkleid besitzen, das aus dem nässeabweisenden Deckhaar und der isolierenden Unterwolle besteht, sind sie die witterungsunempfindlichsten Hunde. Möchten Sie Ihren Hund hauptsächlich im Freien halten, ist Stockhaar ideal.

Rauhhaarige Hunde (z. B. Schnauzer, Foxterrier, Deutsch Drahthaar) sind ebenfalls sehr witterungsunempfindlich und pflegeleicht. Der Haarwechsel ist bei ihnen weniger ausgeprägt als bei Stockhaar oder Langhaar.

TIP

Wenn sich ein „Überraschungswelpe" zu einem zotthaarigen Ungeheuer entwickelt hat, ist es besser, ihn scheren zu lassen als zu verzweifeln und einen schmutzigen, verfilzten Hund ins Tierheim abzuschieben. Leider denken die meisten Betroffenen gar nicht an diese so einfache Möglichkeit.
Das gleiche gilt auch für extrem seidenhaarige Hunde, deren Fell schnell verfilzt.

Langhaarige Hunde (z. B. Collie, Afghane) sind eine Pracht. Es gibt viele Menschen, die es lieben, Hunde zu kämmen und zu bürsten. Lange Hundehaare lassen sich leichter entfernen als kurze, ein feuchtes Leder fegt sie spurlos hinweg, auch der Staubsauger nimmt sie gut auf. Aber: Langhaarige Hunde bringen Schmutz in die Wohnung. Je nach Beschaffenheit des Haarkleides, die von derb bis seidig reichen kann, muß es häufig gebürstet werden.

Zotthaarige Hunde (Bobtail, Pudel) wirken, wenn sie nicht täglich gebürstet werden, rasch ungepflegt. Schmutz haftet im Fell und läßt sich oft nur mühevoll entfernen. Tägliches Bürsten ist unerläßlich.

RÜDE ODER HÜNDIN? ▶ Der Fortpflanzungstrieb ist beim Hund sehr ausgeprägt. Hündinnen werden zwischen dem sechsten und neunten Monat, gelegentlich später, in der Regel alle sechs Monate läufig oder heiß. Die Hitze dauert etwa drei Wochen. Da sich viele Hündinnen sauberhalten, kann man den Beginn der Empfängnisbereitschaft leicht übersehen; deshalb sollte die Hündin in den gesamten drei Wochen beaufsichtigt und von Rüden ferngehalten werden. Die Vulva schwillt an, blutige Flüssigkeit tritt aus. Hat die Schwellung den Höhepunkt überschritten, wird die Flüssigkeit wäßrig klar. Beim Streicheln am Rutenansatz nimmt die Hündin die Rute zur Seite, das heißt, sie ist empfängnisbereit. Sie versucht, ihrem Instinkt folgend, durchzubrennen und einen Partner zu finden. Sie wirkt unkonzentriert und ungehorsam. Bei Spaziergängen legt sie eine Duftspur für Rüden, sie uriniert deshalb häufiger als sonst. Mit Sprays und Chlorophylltabletten kann man den für uns nicht wahrnehmbaren Duft mindern, doch sollte man sich nicht allzusehr darauf verlassen, denn die Gebärden der Hündin sind für Rüden gut verständlich.

Rüden bringen Probleme, wenn viele Hündinnen in der Nachbarschaft leben. Liebeskranke Rüden fressen tagelang nicht, sitzen jaulend vor der Tür und haben nichts anderes im Sinn, als zu ihrer Angebeteten zu gelangen. Das kann u. U. lästiger sein als die Hitze

Zwölf Tage alte
Mischlingswelpen

einer Hündin, die zeitlich begrenzt
ist.

Zum Verhalten des Rüden gehört es,
an markanten Stellen sein Bein zu heben und eine Duftmarke für andere Rüden zu hinterlassen. Erziehung kann einem übertriebenen Markierungstrieb
Einhalt gebieten, doch ganz verbieten
darf man es nicht. So kann man z. B. bei
einem Gang in der Stadt durchaus verlangen, daß er es unterläßt. Bei den täglichen Spaziergängen sollten wir ihm
diese Freiheit schenken.

Daß Hündinnen verschmuster sein
sollen als Rüden, kann nicht verallge-
meinert werden. Hündinnen sind in
der Regel leichter zu erziehen, weil sie
weniger stark auf Rudelführung bedacht sind als ein starker Rüde. Es kann
aber auch einmal umgekehrt sein.

Falls Ihnen die Geschlechtlichkeit
Ihres Hundes Probleme bereitet, sprechen Sie mit dem Tierarzt über die Ka-
stration oder Sterilisation.

ALT ODER JUNG? ▶ Welpenaufzucht
macht viel Spaß, aber auch sehr viel
Mühe. Am schönsten, aber auch ar-
beitsintensivsten ist es, einen Welpen
aufzuziehen. Er gewöhnt sich an uns,
paßt sich unseren Lebensgewohnhei-
ten am besten an, und man kann seine

> **TIP**
> *Für eine Familie mit kleinen, noch*
> *unverständigen Kindern sollte*
> *man einen etwas älteren Hund*
> *wählen, der schon gute Erfahrun-*
> *gen mit Kindern gemacht hat.*

Erziehung frühzeitig und mühelos im
Spiel beginnen. Leider sind die meisten
Hunde im Tierheim aus dem Welpen-
alter heraus und wurden aus verschiedensten Gründen abgegeben. Man
kann wahre Glücksgriffe tun. Meist
weiß man nichts über die Vorgeschich-
te und muß das Risiko eingehen, daß
der Hund aufgrund schlechter Erfah-

rungen irgendwelche Ängste und Verhaltensstörungen hat und in bestimmten Situationen unberechenbar reagiert. Oft sind Vorbesitzer nicht ehrlich, weil sie ihren Hund loswerden wollen. In guten Tierheimen mit erfahrenen Betreuern kennt man in etwa Persönlichkeit und Eigenheiten der Insassen. Vertrauen Sie der Beratung. Man ist nicht interessiert daran, daß Sie den Hund umgehend wiederbringen!

Meist trifft man auf seinen Mischlingshund durch Zufall – ein Hund sucht ein Zuhause, irgendwo in der Nachbarschaft sind Welpen abzugeben.

Auch im „Tiermarkt" der Tageszeitung bieten „unfreiwillige Züchter" die Kinder ihrer Hündin an. Kaum läßt sich auf Anhieb erkennen, ob es sich um kommerzielle Produzenten handelt oder die Hündin wirklich eigene Wege ging. Vorsicht, geschickte Händler gaukeln oft herzergreifende Geschichten

vor. Und jeder aus Mitleid gekaufte Hund zieht weitere Würfe nach sich.

Bei Privatleuten einen Mischlingswelpen zu kaufen hat den Vorteil, daß man wenigstens die Mutter kennenlernt. Vielleicht kennt man auch den Vater, so daß man sich eine vage Vorstellung davon machen kann, was aus dem Welpen einmal werden könnte.

Beim Kauf eines Welpen sollten Sie darauf achten, daß das Tierchen festfleischig anzufühlen ist, rosige Schleimhäute besitzt, Augen und Nase sauber sind und keinerlei Ausfluß zeigen. Das Fell soll sauber sein. Können Sie die Rippen fühlen und der Bauch ist aufgebläht, dann war die Aufzucht sicher nicht sehr gut und/oder das Tier hat starken Wurmbefall. Hustet der Welpe, ist Vorsicht geboten. Natürlich wollen auch diese armen Kerlchen ein gutes Heim, doch Sie müssen sich im klaren sein, daß einiges an Tierarzt-

Welpen haben einen Drang zum Kauen.

kosten auf Sie zukommen wird, bis ein kranker und schwächlicher Welpe ein gesunder Hund wird, wenn dies überhaupt noch gelingt. Fröhlich und lebhaft soll der Welpe sein, unbefangen gegenüber Fremden und sich keinesfalls ängstlich und zitternd in einer Ecke zusammenkauern. Hier ist das Risiko groß, daß Sie sich einen Problemhund einkaufen. Nehmen Sie sich Zeit, und beobachten Sie die Welpen sorgfältig, damit Sie keinen falschen Eindruck bekommen. Kaufen Sie keinen Welpen, der jünger als acht Wochen ist. Wahrscheinlich wird man von Ihnen eine Schutzgebühr bzw. einen Unkostenbeitrag für die Aufzucht haben wollen. Gehen Sie auf jeden Fall sofort mit dem Neuankömmling zum Tierarzt, denn aller Wahrscheinlichkeit nach braucht der Welpe als erstes eine Wurmkur und evtl. Impfungen. Der Tierarzt kann Ihnen auch sagen, ob der Welpe im allgemeinen gesund ist.

Ergibt sich diese Möglichkeit des nachbarschaftlichen Hundeerwerbs nicht, besuchen Sie zunächst die Tierheime in der Umgebung. Diese annoncieren oft in den Tageszeitungen. Stadt- und Gemeindeverwaltungen geben Ihnen sicher gern deren Anschriften.

Der Gang ins Tierheim ist immer eine unerfreuliche Angelegenheit, doch wenn es auch ein älterer Hund sein darf, sollten Sie zuerst dort versuchen, Ihren neuen Hausgenossen zu finden. Viele Augen blicken Ihnen durch die Zwingergitter entgegen: traurige, freundliche, böse, ängstliche, hoffnungslose. Man weiß nicht, welchen man wählen soll, alle verdienen ein liebevolles Heim. Die wütend Bellenden schrecken meist ab, doch Sie sind fremd, und fremde Menschen bedeu-

ten für einen Hund oft nichts Gutes. Besitzen Sie Hundeerfahrung, sind auch diese Kandidaten zu beachten, denn wenn man mit ihnen Freundschaft geschlossen hat, sind sie oft die treuesten. Bewahren Sie trotz des Elends einen klaren Kopf, es geht um Ihre gemeinsame Zukunft, die gut vorbereitet werden will und nicht durch voreilige Handlungen, die Sie später vielleicht bereuen, getrübt werden soll.

Am besten machen Sie sich eine Liste der Merkmale, die der Hund auf keinen Fall haben soll oder die Ihnen wichtig sind, wie z. B. freundlich mit Kleinkindern, Katzen, anderen Tieren. Der Betreuer kennt seine Hunde und kann Ihnen gezielt die in Frage kommenden Tiere vorstellen. Auch er möchte den richtigen Herrn für den Hund finden. Lassen Sie sich bitte nicht vom Aussehen leiten. Sollte das für Sie Bedeutung haben, kaufen Sie besser einen Rassehund! Natürlich spielen auch Sympathie und Antipathie eine Rolle, aber vorrangig ist, ob man

► Info

Wenn Sie Hundeerfahrung haben und keine Rücksicht auf besondere Umstände nehmen müssen, tun Sie wirklich ein gutes Werk und nehmen einen Hund, den sonst keiner haben will, oder schenken einem alten Hund, dessen Besitzer vielleicht ins Altenheim mußte oder starb, noch ein paar schöne, verdiente Hundejahre.

zusammenpaßt. Der attraktivste Hund nützt Ihnen nichts, wenn Sie nicht mit ihm zurechtkommen. Leider bleiben die Alten und Unansehnlichen immer übrig, selbst wenn sie den feinsten Charakter haben.

Haben Sie sich für einen Hund entschieden, lassen Sie sich soviel wie möglich über das, was aus seiner Vergangenheit bekannt ist, sagen. Jedes Detail ist wichtig, kann Mißverständnissen vorbeugen und Ihren gemeinsamen Start erleichtern.

Wenn Sie keine Hundeerfahrung haben, nehmen Sie nur dann einen erwachsenen Hund, wenn Sie ihm körperlich gewachsen sind. Wählen Sie einen unkomplizierten und keinen Problemhund. Ausgesprochen scheue oder aggressive Hunde kann man vielleicht in ein normales Verhalten zurückführen, doch dazu muß man etwas vom Umgang mit Hunden verstehen. Aber beurteilen Sie einen Hund nicht nach seinem Verhalten hinter Gittern.

Bitten Sie vielmehr den Betreuer, den Hund frei im Hof laufen zu lassen. Sie können beobachten, wie sich der Hund verhält und ob er Kontakt mit Ihnen knüpfen möchte. Vielleicht erlaubt Ihnen der Pfleger, den Hund ein paar Tage hintereinander spazierenzuführen, damit Sie sich gegenseitig kennenlernen können. Erfahrungsgemäß freuen sich die Hunde schon nach kurzer Zeit riesig über denjenigen, der mit ihnen ausgeht.

Sie können davon ausgehen, daß Hunde in Tierheimen tierärztliche Betreuung genießen und nur gesunde und geimpfte Hunde abgegeben werden. Beim privaten Züchter oder Händler ist dies nicht gewährleistet. Manche

Was mag wohl diese beiden hübschen Kerle ins Tierheim verschlagen haben?

Tierschutzvereine lassen Rüden und Hündinnen kastrieren.

Wahrscheinlich müssen Sie einen Vertrag unterschreiben, der eine Kontrolle des Tierschutzvereins jederzeit erlaubt, vorschreibt, daß man den Hund nicht weiterveräußern darf usw. Außerdem wird eine Schutzgebühr bzw. ein Kostenbeitrag für den Hund erhoben.

▶ Der Weg ins neue Heim

Holen Sie Ihren Welpen per Bahn ab, darf er im Abteil auf Ihrem Schoß sitzen. Einfacher ist es jedoch, ihn per PKW abzuholen. Fahren Sie mit einem Begleiter, um dem Welpen auf dem Heimweg die volle Aufmerksamkeit schenken zu können. Er sollte einige Stunden vor dem Abholen nichts gefressen haben. Zusätzlich legen Sie den Platz im Wagen, auf dem der Welpe liegen soll, vorsichtshalber mit Zeitungspapier aus, falls der Welpe sich erbricht. Halten Sie für alle Fälle eine Rolle Papierhandtücher parat. Auf eine längere Fahrt nehmen Sie eine Schüssel und eine Flasche Wasser mit, um bei den Pausen unterwegs Wasser reichen zu können. Daß vorsichtig und sanft gefahren werden muß, sollte selbstverständlich sein. Machen Sie Pausen, und geben Sie dem Welpen Gelegenheit zum Lösen – natürlich an der Leine. Meiden Sie Plätze, wo schon viele Hunde ihre Visitenkarte hinterlassen haben. Sprechen Sie freundlich mit dem Welpen und streicheln ihn, damit er sich nicht so verlassen vorkommt.

DIE ERSTEN STUNDEN IM NEUEN HEIM ▶ Nehmen Sie einen erwachsenen Hund bei sich auf, behandeln Sie ihn zunächst wie einen Welpen. Da Sie wahrscheinlich nichts über ihn wissen, fangen Sie ganz von vorne an. Hunde leben nicht in der Vergangenheit, sondern in der Gegenwart. Machen Sie sich keine Gedanken darüber, ob er es einmal schlecht hatte, bemühen Sie sich nicht, ihn besonders liebevoll und nachsichtig zu behandeln. Er wird sofort die Chance nutzen, seinen Platz im neuen Rudel einzuschätzen. Beobachten Sie den Hund und wirken nicht zu viel auf ihn ein, aber dulden Sie nichts, gar nichts, das der Hund auch später oder „normalerweise" nicht sollte. Zeigen Sie dem Hund von Anfang an deutlich, was er darf und was nicht. Das gibt ihm Sicherheit, weist ihm seinen Platz im Rudel zu und erspart spätere Enttäuschung. Dazu mehr im Kapitel Erziehung. Nehmen Sie sich in den ersten Tagen Zeit für den Hund – Besucher sind unerwünscht, denn der Neuankömmling soll seine neue Umgebung ungestört erkunden. Lassen Sie ihn dabei eigene Wege gehen, aber behalten Sie ihn immer im Auge. Zeigen Sie ihm vorerst nur seinen Schlaf- und Eßplatz sowie den ihm zugedachten Löseplatz.

DER SCHLAFPLATZ ▶ Ich setze voraus, daß Sie Ihren Hund in Ihrem Wohnbereich halten wollen. Ein Hundezwinger hat bei einem großen Hund für stundenweisen Aufenthalt zweifellos Vorteile. Man weiß ihn sicher untergebracht, und der Hund schätzt die Ruhe. Insbesondere wenn man einen großen Hund erwachsen übernimmt, der vielleicht nie allein in einer Wohnung war, vermeidet man Schäden in

> ▶ **Info**
>
> Ein Hundezwinger sollte von der Wohnung aus einzusehen sein. In einem fest und hoch eingezäunten Auslauf, möglichst mit schattenspendenden Bäumen, Naturboden, Kiesaufschüttung usw., steht eine wetterfeste, doppelwandige Hütte, etwas über dem Boden erhöht als Schutz gegen Bodenkälte und Nässe.

der Wohnung, bis sich der Hund eingewöhnt hat. Oftmals ist dies ein Grund, daß Hunde wieder ins Tierheim zurückgegeben werden. Keinesfalls darf ein Zwinger aber dazu verleiten, daß der Hund dort sein Dasein fristet und nur für gelegentliche Spaziergänge herausgeholt wird. Der Hund braucht unbedingt mehrere Stunden am Tag engen Kontakt mit seinen Menschen. Wer das nicht bieten kann, braucht keinen Hund!

Die Hundehütte sollte zugfrei und nicht in praller Sonne stehen. Es darf weder in das Einstiegsloch ziehen noch regnen. Die Hütte sollte groß genug sein, um bequem für den Hund zu sein, jedoch nicht zu groß, damit er sie noch mit seiner Körperwärme beheizen kann. Er wird es lieben, darauf liegend die Umgebung zu beobachten. Frisches Wasser muß immer zur Verfügung stehen.

IN DER WOHNUNG ▶ Schaffen Sie für Ihren neuen Gefährten einen Platz in einer zugfreien Ecke, der nicht unmittelbar an der Heizung sein sollte und auf den er sich ungestört zurückziehen kann. Soll Ihr Hund die Funktion eines Wachhundes erfüllen, sollte er möglichst zentral im Haus liegen und alles mitbekommen und melden können. Der Hundebedarfshandel bietet eine weite Palette von Hundebetten an. Schutz vor Bodenkälte und Feuchtigkeit muß gewährleistet sein. Hunde brauchen viel Schlaf, ganz besonders aber der Welpe, der den Schlaf nur für kurze Spielperioden und zum Futtern unterbricht. Kinder sollten den Hund an seinem Ruheplatz nie stören. Lehnt der Hund den Platz ab und bevorzugt einen anderen, geben Sie ihm nach, so

fern er den Wohnbetrieb nicht zu sehr stört. Praktisch sind Hundetransportkisten aus Kunststoff. Hunde fühlen sich in diesen „Höhlen" ausgesprochen wohl, sie sind leicht sauberzuhalten,

> ### Info
>
> Hunde, die in einer lebhaften Familie leben und sich nicht entspannen können, gedeihen weniger gut, werden nervös und schlimmstenfalls sogar bissig.

und der Hund kann kurzfristig sicher eingesperrt werden. Besonders gut bewähren sie sich auf Reisen. Auseinandergenommen beanspruchen sie wenig Platz, und Ihr Hund hat im Urlaub sein gewohntes Haus. Besonders in Hotels wird ein so untergebrachter Hund sehr geschätzt! Erfahrungsgemäß geht die Um- und Eingewöhnung eines Welpen rasch und problemlos vonstatten. Viele Leute stellen das Hundebett im Schlafzimmer auf, um den Welpen jederzeit beruhigen und rechtzeitig hinausbringen zu können. Sie müssen allerdings damit rechnen, daß Ihr Hund von nun an immer im Schlafzimmer schlafen will und der erwachsene Hund nur schwer begreift, daß er hier auf einmal unerwünscht ist.

> ### TIP
>
> *In der ersten Nacht wird dem Welpen schmerzlich zu Bewußtsein kommen, daß er seine Familie endgültig verlassen hat, und er wird nach ihr fiepen. Halten Sie durch und trösten ihn nicht, er wird sonst lernen, Sie heranzurufen, wann immer ihm danach ist!*

Der erwachsene Hund wird von Anfang an an seinen festen Platz gewöhnt. Bitte nicht mit ins Schlafzimmer nehmen! Je höher der Rang in der Meute, desto näher schläft man am Rudelführer. Da Sie nicht wissen, wie dominant Ihr Hund ist, vermeiden Sie, ihm aus Unkenntnis heraus einen hohen Rang einzuräumen. Er muß von Anfang an lernen, daß er an letzter Stelle rangiert. Insbesondere wenn Kinder und ältere Menschen in der Familie leben.

DER ESSPLATZ ▶ Legen Sie von Anfang an einen Platz für Futter- und Wasserschüssel fest, der Ihnen praktisch erscheint. Der Boden soll leicht zu reini-

gen sein, da Hunde gern kleckern. Abgeschüttelte Flocken beschmutzen Möbel und Wände. Viele Hunde mögen keine Zuschauer und Unruhe beim Essen. Wenn Ihr Hund schlecht frißt, kann es auch daran liegen, daß ihm der Platz nicht behagt. Versuchen Sie es bei seinem Schlafplatz.

HALSBAND UND LEINE ▶ Der ganz kleine Welpe bekommt ein Lederhalsband zum Schnallen, das der wachsenden Halsweite so angepaßt wird, daß er mit dem Kopf nicht durchschlüpfen kann. Mittelgroße Hunde bekommen ab dem vierten Monat ein grobgliedriges Kettenhalsband, in das die Leine

Frisches Wasser sollte dem Hund überall, wo er sich länger aufhält, zur Verfügung stehen.

Schier unerschöpflich ist das Angebot an Zubehör und Futtermitteln im Zoofachhandel.

nach Bedarf eingehakt werden kann. Der erwachsene, wohlerzogene Hund bekommt einen Nylon- oder rundgenähten Lederwürger, der sich leicht über den Kopf ziehen läßt, auch ohne Würgezug eingehakt werden kann und das Fell schont. Dazu gehört eine etwa 2 m lange Lederleine mit eingearbeitetem Griff, deren Ende sich in verschiedene Ringe einhaken läßt. So haben Sie den Hund stets sicher im Griff und können die Leine nach Wunsch verlängern. Für große, temperamentvolle Hunde empfehle ich die im Handel erhältlichen Aufrolleinen nicht.

SPIELZEUG ▶ Hunde wollen und müssen spielen. Gummibälle, die zerbissen und verschluckt werden können, sind sehr gefährlich. Ebenso Kinderspielzeug und Stofftiere, die der Welpe

im Handumdrehen in seine Bestandteile zerlegt. Verschluckte Glasaugen, Drahtstücke und Plastikteile können zum qualvollen Tod führen. Elektrokabel dürfen für den jungen Hund nicht erreichbar sein. Grundsätzlich sollten Sie alles vom Hund fernhalten, was auch einem Kleinkind gefährlich werden könnte.

> **TIP**
>
> *Fellreste, alte Handtücher, Lebensmittelkartons (mit lebensmittelechter Farbe bedruckt und ohne Plastikzusätze) oder Büffelhauterzeugnisse sind ungefährlich und bieten dem Welpen genug Abwechslung, bis seine neuen Zähne durchgebrochen sind und das zwanghafte Nagen im Alter von etwa sechs Monaten abklingt.*

Gesunde Ernährung

Gesunde Ernährung

Der Hund ist von Haus aus Fleischfresser, was aber nicht bedeutet, daß er sich ausschließlich von Fleisch ernährt. Ahnherr Wolf frißt vom Beutetier, das in aller Regel ein Pflanzenfresser ist, zuerst die Innereien mit dem halb- oder ganz verdauten pflanzlichen Magen- und Darminhalt. Erst dann macht er sich über das Muskelfleisch her, später frißt er die Haut. Ganz zum Schluß werden die Knochen abgenagt und kleinere Knochen und Knorpel gefressen. Kleine Beutetiere wie Mäuse und Kaninchen verschlingt er mit Haut und Haar. Hätten unsere Hunde die Gelegenheit, verhielten sie sich ebenso. Wie der Wolf nehmen sie Beeren und Pilze an.

Der Hund braucht jedoch nicht nur die Fleischnahrung. Dank seiner Anpassungsfähigkeit an die Lebensverhältnisse des Menschen kann er sehr gut mit einem recht großen Anteil an Gemüse und Getreidekost leben, er braucht diese Kohlenhydrate für seinen Stoffwechsel. Bei unseren Hausgenossen, die körperlich eher zuwenig beansprucht werden, können wir beim erwachsenen Hund ein Verhältnis von $^1/_3$ Frischfleisch und $^2/_3$ Gemüse- und Getreidekost rechnen. Für im Wachstum befindliche Hunde, tragende und säugende Hündinnen sowie aktive Deckrüden und sportlich stark beanspruchte Hunde gilt in der Regel $^2/_3$ Fleisch und $^1/_3$ Gemüse- und Getreidekost.

▶ Frischfutter

Ernähren Sie Ihren Hund auf Frischfutterbasis, so müssen Sie abwechslungsreich füttern, um sicherzugehen, daß alle Nährstoffe, Vitamine und Mineralstoffe enthalten sind, die der Körper zur Gesunderhaltung braucht. Abwechslungsreich bedeutet nicht, daß man dem Hund all die verschiedenen Nahrungsmittel in einem Topf vermischt. Im Verlauf von einigen Tagen oder Wochen sollte er von jedem etwas bekommen.

Es bleibt Ihnen überlassen, ob Sie Gemüse, Getreidekost und Fleisch in einem handwarmen, festen Brei reichen oder lieber morgens einige Futterflocken (eingeweicht) o. ä. geben, mittags einige Hundekuchen und abends das Fleisch. Nach unserer Erfahrung hat sich die Trennkost, also Fleisch und Getreidekost getrennt zu füttern, am besten bewährt, weil Hunde nach dem abendlichen Fleisch ruhig schlafen und sich nachts nicht lösen müssen. Die meisten Hunde fischen ohnehin die Fleischbröckchen aus dem Futterbrei und schütteln die Flocken geschickt ab!

Eiweiß (Proteine) braucht der Körper des Hundes zum Aufbau und Erhalt der Körpersubstanz. Sein Verdauungstrakt ist darauf eingerichtet, seinen Eiweißbedarf aus tierischem Eiweiß zu decken. Die natürliche Eiweißquelle des Hundes ist rohes Fleisch, und zwar alle Teile von Schlachttieren,

Sie hat zwei saubere Schüsseln, eine für Futter und eine für Wasser.

Kaninchen, Wild, Geflügel und Fisch. Es kann roh oder überbrüht gefüttert werden. Rohes Fleisch darf ruhig schon etwas „angegangen" sein, das schadet dem Hund nicht. Aber niemals verdorbenes gekochtes Fleisch oder angesäuertes Futter füttern! Bei der Verwesung werden Giftstoffe freigesetzt, die den Hund genauso krank machen wie uns. Schweinefleisch sollte vom Futterplan gestrichen werden, wenn man nicht sicher sein kann, daß es nicht mit dem für den Hund (nicht für den Menschen) tödlichen Erreger der Aujeszky'-schen Krankheit in Berührung kam. Vorsicht bei Rohfleischfütterung, wenn die Herkunft nicht bekannt ist. Auch Rindfleisch kann sich infizieren, wenn es mit befallenem Schweinefleisch in Berührung kam. Um den Virus abzutöten, muß das Fleisch gründlich durchgekocht werden. Überbrühen reicht nicht aus.

Wild sollte man nur füttern, wenn es für den menschlichen Genuß freigegeben ist. Geflügel, besonders tiefgefrorenes, müssen Sie wegen der Salmonellengefahr abkochen! Geflügel und frisches Kaninchenfleisch eignen sich besonders als Anreiz für schlechte Fresser. Hammelfleisch und Innereien er-

> **TIP**
> *Gekochtes Geflügel muß sorgfältig entbeint werden, denn gegarte Knochen splittern.*

geben ebenfalls ein gutes Hundefutter. Rohe Leber, Milz und Lunge haben jedoch eine abführende Wirkung, daher sollten Sie diese besser gekocht reichen. Lunge eignet sich gut als Diätfutter für dicke Hunde, da sie den Magen füllt, aber kaum Nährwert hat. Nieren weisen als Ausscheidungsorgan häufig einen besonders hohen Anteil an

Schadstoffen auf, daher nur gelegentlich gekocht und in kleinen Mengen füttern. Frischer, grüner Pansen ist für jeden Hund ein wertvolles Zufutter. Man kann ihn in Hundefutter- und Zoofachgeschäften gekuttert und eingefroren oder in Dosen eingemacht (ohne andere Zusätze) kaufen. Als alleiniges Fleischfutter reicht Pansen aber nicht aus!

Praktisch, sauber und mit geringem Aufwand füttert man, indem man alle möglichen Fleischsorten in größeren Mengen einkauft (z. B. Suppenfleisch vom Rind, Kopffleisch, Herz, Leber, Pansen, Euter, Lunge, Milz, Geflügelinnereien usw.), diese abgekocht in Brocken schneidet, vermischt und portionsweise einfriert. Hundefutter- und Zoofachgeschäfte bieten Frischfleisch sortiert, gemischt und portionsgerecht verpackt an.

Tiefkühlkost wird grundsätzlich vollständig aufgetaut und durch und durch mit Zimmertemperatur bis „schnauzenwarm" gereicht. Wenn man das Futter aus dem Kühlschrank oder im Winter aus einem ungeheizten Raum füttert, ist es zu kalt und kann zu Verdauungsstörungen führen.

Selbstverständlich bekommt der Hund niemals geräucherte, gepökelte und scharf gewürzte Fleischteile.

Frische Kuhmilch vertragen die meisten erwachsenen Hunde nicht. Sie verdauen den Milchzucker (Laktose) schlecht und bekommen Durchfall. Laktosearme Milchprodukte (mit ca. 2,5 % Laktose), gesäuerte Milch in Form von Buttermilch, Yoghurt, Kefir, Quark, Hüttenkäse, aber auch Molke sind hervorragende, leichtverdauliche Eiweißlieferanten.

Ei ist eine hochwertige Eiweißquelle, rohes Eiklar dagegen zerstört das wertvolle Biotin (aus dem Vitamin-B-Komplex) im Körper; Eiklar darf daher nur gekocht gereicht werden. Deshalb

---

TIP

Käse mögen Hunde besonders gern. Er ist ein guter Belohnungshappen.

---

hin und wieder ein gekochtes Ei oder rohes Eigelb unters Futter mischen.

Fisch, der sorgfältig entgrätet sein muß, bietet eine willkommene Abwechslung, sollte aber hitzebehandelt werden (Kochen, Dünsten), da roher Fisch Durchfall verursachen kann. Hin und wieder ein Bückling ist ebenfalls ein besonderer Leckerbissen und soll zu einem schönen, glänzenden Fell beitragen.

FETTE ▶ Bitte nicht alles Fett vom Fleisch schneiden. Zu fettes Fleisch kocht man ab und hebt die Fettschicht von der erkalteten Brühe ab (Brühe zum Futter geben, da sie wertvolle Stoffe enthält, Fett im Kühlschrank aufbewahren und portionsweise wieder zum Futter geben). Der Hund braucht Fett als Energielieferant und weil fettlösliche Vitamine nur im Zusammenhang mit Fett vom Körper aufgenommen werden. Ranziges Fett zerstört die Vitamine. Hände weg vom Lebertran, er enthält zuviel Vitamin D.

KOHLENHYDRATE ▶ Unter die kohlenhydratreiche Getreidekost fallen brauner, ungeschälter Reis, Haferflocken, altbackenes Vollkornbrot, Graupen, Nudeln, Hundekuchen, Beifutterflocken (Vorsicht: nicht mit

Flockenvollnahrung verwechseln, die Fleisch enthält). Der Hund kann stärkereiche Kost nicht roh verdauen, deshalb muß sie gekocht werden. Ausnahmen bilden Haferflocken und Vollkornbrot. Wertvoller Bestandteil für die Verdauung sind die Ballaststoffe der Gemüsekost.

GEMÜSE UND OBST ▶ Diese sind auch für den Hund gesund (außer den blähenden Sorten, z. B. Kohl). Sauber gewaschenes grünes Gemüse (keine Hülsenfrüchte und Kartoffeln) wird im Mixer püriert und unters Futter gegeben. Pürieren ist wichtig, da es der Hund nur so verdauen kann. Auch Petersilie, Möhren, Tomaten, Paprika, Zwiebeln und Knoblauch, Äpfel usw. werden roh püriert unters Futter gemischt. Hunde mögen Obst gerne. Vorsicht bei Fallobst, da dort Gefahr durch Wespenstiche! Gemüse und Obst wird grundsätzlich roh gefüttert.

VITAMINE UND MINERALSTOFFE ▶ sind unerläßlich für alle Körperfunktionen. Sie müssen mit der Nahrung zugeführt werden.

Fleisch und besonders Fisch enthalten verhältnismäßig viel Phosphor, jedoch wenig Kalzium. Deshalb müssen Sie bei Frischfütterung zusätzlich Kalzium und Vitamine, vor allem aus dem Vitamin-B-Komplex (am einfachsten über Bierhefe), reichen. Vitamin B sorgt u. a. für schönes Haar und gesunde Haut, ein Überschuß richtet keinen Schaden an. Im Zoofachhandel und in Apotheken bekommen Sie ungereinigtes oder gereinigtes (teurer) Kalziumkarbonat. Der Junghund bekommt täglich wenigstens 0,5 g, der erwachsene Hund wenigstens 0,25 g pro Kilo Kör-

pergewicht. Bei im Handel angebotenen kombinierten Vitamin-Kalzium-Präparaten auf ein möglichst weites Kalzium/Phosphor-Verhältnis achten (mindestens 2 : 1). In der Nahrung ist das optimale Verhältnis von Kalzium und Phosphor 1,2 Teile Kalzium zu 1 Teil Phosphor. Vorsicht, viele Vitaminpräparate enthalten, wenn man sie nach der Gebrauchsanweisung dosiert, zuviel Vitamin A und D. Die durch eine Überdosierung hervorgerufene Knochenerkrankung ist dieselbe wie bei der Phosphorüberdosierung (Vitamin-A-Bedarf 220 IE beim wachsenden, 110 IE beim erwachsenen Hund, Vitamin D-Bedarf 22 IE bzw. 11 IE pro kg Körpergewicht am Tag). Vitamin A kommt z. B. in Karotten, Leber, Milch und Eigelb vor. Mangelkrankheiten sind erhöhte Krankheitsanfälligkeit, Verhornungserscheinungen der Schleimhäute und Hautveränderungen. Überdosierung führt zu Knochenveränderungen. Vitamin D kommt vor allem in Leber, Eigelb und Milchprodukten vor und wird unter Einfluß von Sonnenlicht (UV-Strahlen) gebildet. Die D-Vitamine fördern die Aufnahme von Kalzium und Phosphor im Darm. Mangelkrankheiten sind Skelettschäden (Rachitis), Veränderungen des Zahnschmelzes, was heute aber sehr selten vorkommt. Rachitische Erscheinungen beruhen heute meist auf Hormonstörungen, wobei zusätzliche Gaben von Vitamin D$_3$ den Zustand noch verschlimmern! Überdosierung äußert sich in Blutgefäßschäden, Lungenverkalkung, Knochenentkalkung! Schon eine geringe Überdosierung von Vitamin D führt dazu, daß Knochengewebe abgebaut wird und Gefäßverkalkungen verursacht. Viele Vitaminpräparate enthalten das billige Vitamin D in großer Menge, aber auch Lebertran. Geht man eher großzügig damit um, kann man den Hund krank machen!

Eine wertvolle Quelle für Vitamine, Phosphor und ungesättigte Fettsäuren sind geschälte Haselnüsse, die Hunde gern fressen. Rohes Eigelb liefert wertvolle Vitamine. Wichtig ist, daß Sie dem Frischfutter immer eine Prise Meer- oder Jodsalz beifügen.

Mit oben beschriebener Kost dürfte Ihr Hund alles bekommen, was er braucht, um bestens zu gedeihen. Bei einigen Hunden kann der Stoffwechsel so veranlagt sein, daß trotz abwechslungsreicher Kost Mangelerscheinungen auftreten, weil der Körper bestimmte Dinge nicht richtig weiterverarbeitet. Lassen Sie den Mangel durch den Tierarzt gezielt feststellen, und experimentieren Sie nicht selbst herum.

▶ Fertigfutter

Laut Herstellerangaben enthält Fertigfutter alles, was ein normaler Hund braucht, und ist einfach zu füttern. Bitte kaufen Sie trotz Preisvorteil keine allzugroßen Mengen, denn die enthaltenen Vitamine sind nur begrenzt haltbar, und verdorbenes oder gar verschimmeltes Fertigfutter kann schlimmstenfalls tödlich für den Hund sein.

Ist der Hund gesund und fit und hat sich an eine bestimmte Futterzusammensetzung gewöhnt, kann sie der Körper um so besser verwerten. Deshalb bitte nicht dauernd die Marke wechseln, denn die Hunde reagieren oft mit Durchfall. Da nicht jeder Hund jedes Futter für seine Bedürfnisse gleich gut auswertet und nicht alle Fertigfuttermittel die gleiche Qualität ha-

ben, sollten Sie nach längerem Füttern eines Produktes auf ein anderes übergehen. Trotzdem sollte man den Hund daran gewöhnen, da sie auf Reisen praktisch sind.

Es gibt viele gute Flocken- und Preßfuttersorten, die trocken oder in Brühe (aus Kalbsfüßen oder Knochen) bzw. warmes Wasser eingeweicht gereicht werden. Obwohl manche Hunde das Trockenfutter gern trocken aufnehmen, birgt dies auf Dauer gesundheitliche Gefahren. Das Futter entzieht während der Verdauung dem Körper Flüssigkeit, was die Nieren stark belastet. Selbst wenn der Hund immer frisches Wasser zur Verfügung hat, kann er gar nicht so viel trinken, wie sein Körper braucht. Deshalb sollte man Trockenfutter immer gründlich, evtl. über Nacht, mit reichlich Flüssigkeit aufquellen lassen.

Halten Sie sich bei der Futtermenge an die Angaben des Herstellers, die in

Wo bleibt das Futter? Wenn Rex Hunger hat, kommt er mit seiner Schüssel gerannt!

der Regel reichlich bemessen sind. Wenn Ihr Hund dabei zu fett oder mager wird, passen Sie die Menge dem Bedarf des Hundes entsprechend an.

Mit Ausnahme von im Wachstum befindlichen Hunden, tragenden und säugenden Hündinnen, stark beanspruchten Hunden (z. B. Schlittenhunde während der Saison, aktive Hütehunde oder Deckrüden etc.) dürfen Sie bei Vollnahrung kein Fleisch hinzufüttern. Das gleiche gilt für die Kalzium- und Vitaminpräparate.

TIP
Eiweißüberschuß zeigt sich u. a. in nässenden und schwer ausheilenden Ekzemen!

Einige Firmen bieten Spezialfutter für die unterschiedlichen Bedürfnisse an, so daß Sie sich keinerlei Gedanken über eventuelle Zufütterung zu machen brauchen. Anhand aufwendiger Forschung wurde festgestellt, was ein normaler, erwachsener Hund braucht, und all diese Nährstoffe, Minerale und Vitamine sind im Fertigfutter enthalten. Wenn Sie nun Fleisch oder Vitaminpräparate zusätzlich füttern, zerstören Sie das Gleichgewicht dieser Nährstoffe.

Die Probleme der Hundeernährung beruhen heute weniger auf mangelhafter Kost als auf Überfütterung, wobei die Symptome oft die gleichen sind. Viele Hundehalter scheinen mit der Fertigkost nicht zurechtzukommen. Man sieht ja schließlich nicht, was man seinem Hund gibt. Vielleicht veranlaßt eine Art „schlechtes Gewissen" die Hundehalter, dem Hund etwas Gutes tun zu wollen, indem sie alle möglichen Zusatzmittelchen oder noch einen ordentlichen Batzen Fleisch draufgeben! Hund und Besitzer bezahlen diese Inkonsequenz teuer, wenn der Hund krank wird! Ausnahme ist das Fett: Da viele Fertigfutter aus Haltbarkeitsgründen einen Mangel an sog. ungesättigten Fettsäuren aufweisen, ist es ratsam, täglich etwas Färberdistelöl hinzuzugeben. Bedenken Sie bitte, daß alle Leckereien aus dem Hundefutterregal mit ihren Inhaltsstoffen und Kalorien im Ernährungsplan berücksichtigt werden müssen!

Futterreste müssen weggeworfen werden, da sie rasch säuern und zu Magenverstimmungen führen. Nach jeder Mahlzeit wird der Freßnapf gespült! Verdorbenes gekochtes Futter oder eingeweichtes Fertigfutter oder gar verschimmelte Nahrungsmittel machen den Hund krank!

TIP
Essensreste sind kein Hundefutter! Ein Hund kann auf Dauer und ausschließlich damit nicht gesund leben.

Die Fütterungszeiten richtet man am besten nach dem Tagesablauf ein. Entsprechend muß sich der Hund lösen. Wichtig ist nur, feste Futterzeiten einzuhalten. Schlechte Fresser, konditionsschwache, kranke, genesende und alte Hunde füttert man besser mehrmals täglich mit kleinen Portionen.

Eine Futterumstellung muß immer allmählich erfolgen. Ersetzen Sie zu Beginn jeweils nur eine kleine Mahlzeit. Bei der Umstellung von einer Sorte Fertigfutter auf die andere mischen Sie zunächst kleine, sich allmählich steigernde Mengen unter das Futter.

▶ **Wasser**

Wasser ist unser Lebenselixier. Alle Körperfunktionen und Körpersubstanzen sind abhängig vom Wasser. Deshalb muß frisches Trinkwasser in sauberen Gefäßen immer für den Hund zugänglich sein. Das gilt insbesondere bei der Ernährung auf Trockenfutterbasis.

▶ **Knochen**

Hunde lieben Knochen. Zu viele Knochen führen jedoch zu hartem, bröckeligem Stuhl, der dem Hund beim Absetzen große Qualen bereitet. Abgesplitterte oder kleine Knochenstücke könnten im Hals steckenbleiben und dem Hund schaden. Wollen Sie Ihrem

> ▶ **Info**
>
> Ruhe nach dem Fressen! Füttern Sie den Hund niemals vor Spaziergängen oder Sport und lassen ihn nie nach dem Fressen springen, toben und ausgelassen spielen. Es besteht die Gefahr der Magendrehung.

Hund diesen unbestrittenen Leckerbissen dennoch gönnen, geben Sie nur große rohe Kalbs- oder Rinderknochen, an denen selbst ausgewachsene Hunde mit starkem Gebiß nur nagen können. Jedenfalls sollte man auch solche Kno-

Die alte Bella genießt nach dem Fressen ein Nickerchen in der Abendsonne.

chen nur unter Aufsicht geben und niemals, wenn mehrere Hunde zusammen sind. Das führt unweigerlich zu Streitereien und hastigem Hinunterwürgen zu großer Brocken. Alle gekochten oder gebratenen Knochen sind tabu, da sie splittern und zu bösen Verletzungen des Rachen- bzw. Mundraums führen können.

Alles in allem sollte man zur Reinigung und Kräftigung des Gebisses und zum Vergnügen des Hundes besser Büffelhautknochen, getrockneten Stroß (Gurgel), Ochsenziemer, Rinderhufe etc. reichen. Anstelle der Morgenmahlzeit bietet ein knackiger Hundekuchen Massage für das Gebiß und ist nahrhaft.

▶ Welpenernährung

Es gibt hervorragende fertige Welpenaufzuchtfutter. Viele Hundehalter bevorzugen es jedoch, den Welpen zunächst mit Frischkost aufzuziehen und später auf Fertigfutter umzustellen. Achten Sie bitte darauf, daß Ihr Welpe nicht zu fett wird. Ein pummeliger, schwerer Welpe mag zwar einen gesunden Eindruck erwecken, aber für die Entwicklung seiner Knochen, Gelenke und Sehnen ist jedes Gramm Übergewicht schädlich und fördert Skelettmißbildungen. Das gilt besonders für große Hunde. Gerade die gefürchtete Hüftgelenksdysplasie wird durch falsche Ernährung und Bewegung des Junghundes gefördert.

Der Welpe soll sich satt fressen, aber nicht überfressen. Er muß bei jeder Mahlzeit hungrig sein und zügig futtern. Der acht bis zwölf Wochen alte Welpe bekommt vier Mahlzeiten am Tag. Allmählich läßt der junge Hund die eine oder andere Mahlzeit aus und pendelt sich meist von alleine auf drei Mahlzeiten vom vierten bis siebenten Monat und auf zwei vom achten bis zwölften Monat ein.

▶ Welpenspeiseplan

morgens	*später Vormittag*	*nachmittags*	*abends*
Getreidebrei mit Welpenaufzuchtmilch (keine Kuhmilch), Yoghurt, Sauermilch oder Quark und im Mixer püriertem Apfel (mit Schale) und Möhre oder Gemüse (außer Kohl), etwas Honig, Bier- oder Bäckerhefe.	Fleisch in groben Stücken, die der Welpe mit den Zähnen zerkleinern muß. Dazu eignen sich Pansen, Schlundfleisch, Kopffleisch. Knorpel vom Stroß (Gurgel) ist ein guter Nachtisch. Zur Fleischmahlzeit wird Kalziumkarbonat gereicht.	Gründlich eingeweichtes und aufgequollenes Fertigfutter.	Fleischmahlzeit wie mittags (der Welpe schläft nachts besser durch und muß sich erst am Morgen lösen, was die Erziehung zur Stubenreinheit unterstützt).

Richtige Pflege

Richtige Pflege

Regelmäßige Körperpflege benötigen alle Hunde, ob klein oder groß, zott-, lang- oder kurzhaarig. Die Pflege dient nicht nur der Hygiene und Schönheit, sondern hat große soziale Bedeutung im Hundeleben. Sie festigt die soziale Bindung zwischen Hund und Mensch. Darüber hinaus ist sie eine unerläßliche erzieherische Maßnahme, die dem Hund auf angenehme Weise stets aufs neue die Rudelführung durch seinen Herrn beweist. Hunde lieben Berührung und sind es gewohnt, im Rudel vom Rudelführer auch unangenehme Erfahrungen geduldig hinzunehmen. Es darf auch mal ziepen, ohne daß der Hund sofort zuschnappt.

▶ **Fellpflege**
Das Problem vieler attraktiver, langhaariger Hunde, deren Fell zum Verfilzen neigt (Afghane, Bobtail und Briard sowie diesen ähnliche besonders populärer Mischlingshunde), ist weniger das Fell, sondern die Dominanz der Hunde gegenüber ihren Besitzern. Um die empfindliche Bauchunterseite gründlich bürsten zu können, muß sich der Hund auf den Rücken legen – die totale Ergebung in den Augen des Hundes. Wenn er dazu nicht bereit ist, kommt es eines Tages zu den ersten ernsten Meinungsverschiedenheiten: Der Hund sträubt sich, fängt an zu knurren und zeigt bei hochgezogener Lippe

deutlich einen langen Eckzahn. Erschrocken und entsetzt lassen die einen Hundebesitzer von ihrem Vorhaben ab – protestierend mit einem scharfen „Laß das!" weisen die anderen ihren Vierbeiner in die Schranken, packen ihn und legen ihn auf die Seite. Fertig. Um letztere brauchen wir uns nicht zu sorgen, es sind erstere, die sich einen Problemhund heranziehen. Aus dem Zahnblitzen wird möglicherweise ein Biß, wenn sich der Besitzer dann doch mal durchsetzen will oder muß, weil es für die Gesundheit des Hundes notwendig ist. Meist ist das dann das Ende der Beziehung. Abgesehen davon, daß immer der Mensch über den Hund dominieren sollte, haben pflegeintensive Hunde meist einen langen Leidensweg zu überstehen, der oft im Tierheim oder beim Tierarzt endet.

Wenn sich der Hundebesitzer erst einmal über die Rolle des Pflegens im klaren ist, wird er die Situation besser in den Griff bekommen. „Das mag er nicht" und eben das, was er nicht mag, künftig zu umgehen, darf es nicht geben!

In diesem Sinne ist die Pflege des Hundes, obwohl kein Rassestandard ein bestimmtes Bild verlangt, auch für den Mischlingshund wichtig.

Deshalb beginnt man vom ersten Tag an mit der Pflege des Welpen oder des neuen erwachsenen Hausgenossen, solange der sich seiner Rolle noch nicht sicher ist – auch wenn es nichts zu pflegen gibt. Jeder Hund, ob groß oder klein, braucht seinen Pflegetisch, der nicht wackeln darf und mit einer rutschfesten Oberfläche versehen sein muß. Man arbeitet entspannter als auf den Knien oder gebückt. Solange man den Welpen noch heben kann, wird er auf den Tisch gehoben, dann sollte er über ein oder zwei feste Stufen auf den Tisch steigen können. Niemals hinauf- oder hinunterspringen lassen. Zunächst ist die „Tischerfahrung" für den Welpen angenehm, er wird beschmust, gestreichelt, bekommt Leckereien. Das Ende darf er nicht bestimmen. Mit einem Belohnungshäppchen beenden Sie die Sitzung und heben den Kleinen vom Tisch. Das Ganze dauert nur wenige Minuten. Der kleine Welpe wird sich noch bereitwillig auf den Rücken legen, mit breiten Beinen den Bauch darbieten und sanftes Kraulen des zartrosa Babybäuchleins genießen. Tut er es nicht, haben Sie einen ausgesprochen dominanten Hund vor sich. Nutzen Sie die Tatsache, daß Sie der Stärkere sind – noch ein paar Wochen lang! –, und drehen den Hund sanft, aber bestimmt auf den Rücken, halten ihn mit der Hand auf der Brust so lange fest, bis er sich entspannt und sein Bäuchlein darbietet. Nur Geduld, er wird es tun, auch wenn er zunächst noch zappelt und schreit! Wenn Sie jetzt nicht konsequent sind, haben Sie Ihr Spiel ein für allemal verloren! Solch ein Hund wird nicht nur in der Pflege Probleme machen, was seinem Wohlbefinden und der Gesundheit abträglich ist, sondern er wird auch in Notfällen dem Tierarzt Schwierigkeiten bereiten, was ihn das Leben kosten kann!

Mit zunehmendem Alter dehnen Sie die Tischübungen aus und erkunden Ihren Hund. Schauen und riechen Sie in die Ohren, betrachten mit leichtem Fingerstreichen die Genitalien, das Bäuchlein, die Achselhöhlen, die bei langhaarigen Hunden später zu Problemzonen werden. Tasten Sie massie-

Krallenschneiden ist eine wichtige Aufgabe in der Hundepflege.

rend den ganzen kleinen Körper ab. Bürsten Sie sanft das Fellchen, auch wenn da noch nichts zu bürsten ist. Öffnen Sie den Fang und untersuchen mit den Fingern Zähne und Kiefer, nehmen Sie die kleinen Pfötchen in die Hand und prüfen jede einzelne Zehe und Kralle. Sprechen Sie ruhig und freundlich mit dem Hund. Erkunden Sie Ihren Hund, lernen Sie ihn kennen. So entgeht Ihnen keine Veränderung, kein Frühanzeichen für mögliche Krankheiten. Ihr Hund wird diese Minuten lieben, und Sie sollten sie mit zu den schönsten im Zusammenleben mit Ihrem Hund zählen – wenn nicht, suchen Sie lieber schnell ein neues Heim für Ihren kleinen Freund! Kommt er erst in einem Alter auf den Tisch, wenn es ziept und zwickt, dann wird er das Weite suchen, sobald Sie auf den Tisch zugehen. Lassen Sie sich die Tischübung – insbesondere die abtastende

Körpermassage – ein Hundeleben lang zur täglichen Routine werden, das wird Ihr Leben mit dem Hund ungemein erleichtern!

Kurz- und stockhaarige Hunde, auch solche mit schlichtem Langhaar ohne dichte Unterwolle oder knapp rauhhaarige Hunde sind ausgesprochen pflegeleicht. Sie werden mit dem natürlichen Haarwuchs gründlich gebürstet oder gestriegelt.

Gesunde und richtig ernährte Hunde haben ein glänzendes, schuppenfreies Fell.

Rauhhaarige Hunde werden je nach Haarlänge gestriegelt oder gebürstet.

Das wollige Fell muß gründlich gebürstet werden, damit es nicht verfilzt.

Pudelartiges Fell muß häufig gebürstet werden.

Meist haben sie einen Bart, der nach jeder Mahlzeit gesäubert und häufiger ausgekämmt wird. Auch einen Mischling kann man in jedem Hundesalon trimmen lassen, wenn das Fell nicht zu üppig werden soll. Fachmännisch getrimmte Hunde sind leichter zu pflegen und schleppen weniger Schmutz in die Wohnung. Richten Sie den Trimmtermin nicht danach, wann Sie oder der Trimmer Zeit haben, sondern nach dem Fell des Hundes, das gerade im Ausfallen begriffen sein sollte. Sitzt es noch fest in der Haut, ist der Vorgang für den Hund unangenehm.

Durch das Trimmen wird das Fell ausgedünnt, der Hund behält aber sein struppiges Aussehen eher bei, als wenn man das Fell einfach abschert. Meist wird es dadurch weicher, aber auch verwaschener in den Farben.

Langhaarige Hunde sind zwar wunderschön, sie bedürfen jedoch aufwendigerer Pflege, um sauber, gesund und in der Wohnung angenehm zu sein. Viele Menschen mögen die Fellpflege gerne, anderen ist sie eher lästig. Langhaarige Mischlingswelpen sind besonders attraktiv und wuschelig. Gehören Sie zu den Menschen, die sich lieber nicht stundenlang mit Bürsten und Kämmen aufhalten wollen, können Sie Ihren Hund getrost auf eine pflegeleichte Fellänge von 8 bis 10 cm herunterscheren lassen. Mit dieser Fellänge sieht er noch immer hübsch putzig aus und macht wenig Arbeit. Warten Sie damit nicht erst, bis das Fell verfilzt und schmutzig ist.

Ein schlichtes, derbes Langhaar wie beim Collie oder Spitz oder leicht gewelltes, ohne übermäßige Unterwolle wie beim Golden Retriever verfilzt bei Unachtsamkeit nur an wenigen kritischen Stellen, wo das Haar besonders fein ist, z. B. hinter den Ohren und in den Achselhöhlen. Ansonsten reicht einmal wöchentliches, gründliches Bürsten. Diese Fellarten sollte man nicht scheren.

Hunde, deren Fell zum Zotten neigt, wie z. B. Old English Sheepdog oder Briard, müssen je nach Fellbeschaffenheit, und besonders im weichen Jugendfell, häufiger gebürstet werden. Täglich sollte man wenigstens die kritischen Stellen an Kopf, Schnauze, unter den Achseln, um die Genitalien und an den Pfoten kämmen und Filz gar

nicht erst aufkommen lassen. Denn das Entwirren wird für den Hund zur Geduldsprobe. Hier bietet sich eine Schur an.

Schlichtes, feines Langhaar wie bei Setter oder Spaniel muß ebenfalls regelmäßig gekämmt und gebürstet werden und kann ebenfalls durch Schur pflegeleicht gehalten werden.

TIP

Glatthaarige Hunde bringt man durch Abreiben mit einem gut ausgewrungenen Fensterleder auf Hochglanz.

Seidiges Langhaar wie beim Afghanen ist mit am pflegeintensivsten. Es braucht tägliche, gründliche Aufmerksamkeit. Auch hier kann man ein Kürzen durch Scheren in Betracht ziehen.

Hunde mit ausgesprochen dichtem Langhaar mit üppiger Unterwolle wie Neufundländer oder Chow Chow müssen ebenfalls gründlich und bis auf die Haut gebürstet werden, um frühzeitig Hauterkrankungen zu erkennen, zu denen manche dieser Hunde neigen. Für sie kommt eine Schur nicht in Betracht.

Langhaarige Hunde bürstet man gründlich bis auf die Haut, ohne sie zu verletzen oder Unterwolle auszureißen. Es eignen sich feste Naturborstenbürsten oder Drahtbürsten mit Gumminoppen auf den Drahtstiften. Plastikbürsten laden das Fell elektrisch auf und erschweren die Arbeit. Man bürstet den Hund, den man dazu in die Seitenlage bringt, zunächst einmal gegen den Strich (= natürliche Haarwuchsrichtung) auf. Sie beginnen am auf der Seite liegenden Hund an der

Hinterhand unten an den Pfoten, halten mit der linken Hand das Fell hoch und bürsten in Lagen mit der rechten das Haar unter der linken Hand hervor und in einem Zug in seiner natürlichen Lage durch. Dabei sollte sich das Haar so teilen, daß die Haut zu sehen ist. Am sitzenden Hund wird das Brusthaar in Lagen von unten nach oben gebürstet. Bearbeiten Sie so den ganzen Körper und vergessen bitte die Rute nicht! Dieses Lagebürsten schont das Fell und gewährleistet gründliches Bür-

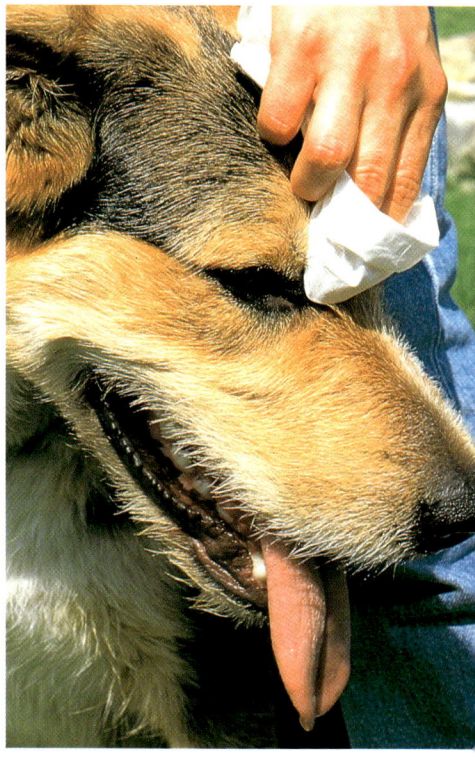

> **Info**
>
> Haarknoten werden mit den Fingern zerteilt und mit einem groben Kamm ausgekämmt, Verfilzungen der Länge nach aufgeschnitten und ausgekämmt. Bei rasch verfilzendem Junghundfell hilft ein Entfilzungskamm aus dem Zoofachhandel.

Allmorgendlich wird das Augensekret mit einem Tuch entfernt.

sten und Aufspüren aller Verfilzungen und Haarknoten.

Feinhaarige, gelockte Hunde wie Pudelmischlinge müssen je nach Fellbeschaffenheit mehr oder weniger häufig mit einer sogenannten Pudelbürste ausgebürstet werden und können geschoren werden.

▶ Augen

Jeden Morgen wird – am besten mit einem feuchten Papiertaschentuch oder einfach mit den Fingern – das Augensekret entfernt, um Entzündungen zu vermeiden. Andauerndes Tränen und gerötete Bindehaut läßt man durch den Tierarzt behandeln, da evtl. der Tränenkanal verstopft sein könnte oder ein-

Ein klares, sauberes, gesundes Hundeauge

wachsende Wimpern den Augapfel schmerzhaft reizen (Distichiasis oder Entropium).

▸ Ohren

Besitzen Sie einen Hund mit langen Hängeohren, lassen Sie sich vom Tierarzt zeigen, wie das aus dem Ohrinneren herauswachsende Haar entfernt und das Ohr saubergehalten wird. Sorgfalt ist unerläßlich, ansonsten müssen Sie mit ernsthaften Problemen rechnen. Alle Hundeohren müssen ein- bis zweimal wöchentlich überprüft werden. Schmutz entfernt man mit einem in ein handelsübliches Ohrenreinigungsmittel getauchten Wattebausch. Gehen Sie vorsichtig so weit ins Ohr, wie Sie mit dem Wattebausch und dem Finger gelangen. Niemals alkoholhaltige Reinigungsmittel, Puder etc. verwenden oder im Ohr herumbohren. Riecht der Hund aus den Ohren, hält er den Kopf schief und kratzt sich – schnellstens zum Tierarzt! Ohrenerkrankungen sind äußerst schmerzhaft und heilen nur schwer aus.

▸ Gebiß

Bildet sich Zahnstein, der besonders üppig bei Zwerghunden zu gedeihen scheint, entfernen Sie schon die ersten dünnen braunen Beläge mit dem handelsüblichen Zahnsteinentferner. Dicken Belag sollte besser der Tierarzt unter Betäubung entfernen. Unbehandelter Zahnstein führt zu Zahnfleischentzündungen und zum Ausfall der Zähne unter großen Schmerzen. Bedenken Sie, daß die Zähne als wichtig-

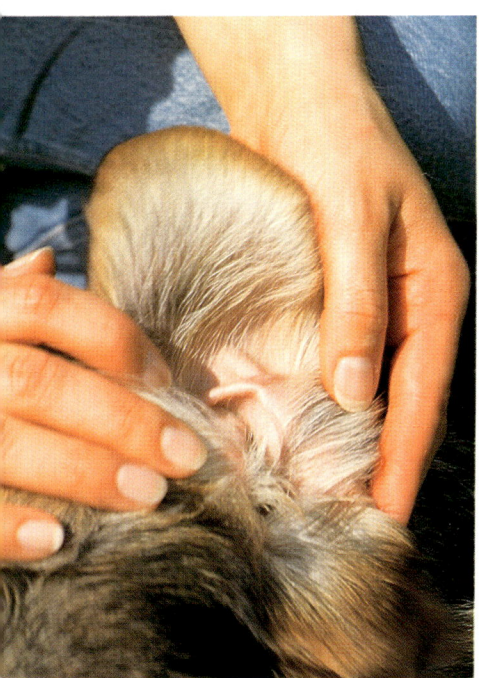

So sieht ein gepflegtes Hundeohr aus.

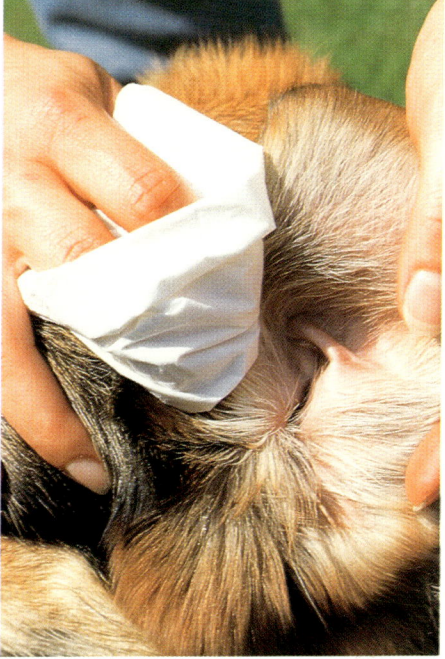

Der Ohrlappen wird mit einem feuchten Tuch ausgerieben.

stes Werkzeug Ihres Hundes bis ins hohe Alter funktionstüchtig sein müssen. Regelmäßiges Putzen mit Zahnbürste und Hundezahncreme beugt der Zahnfleischentzündung vor.

TIP

Hunde reinigen ihr Gebiß selbst am besten, wenn sie etwas Festes zu kauen haben, z.B. Büffelhautknochen oder trockene Brotrinden.

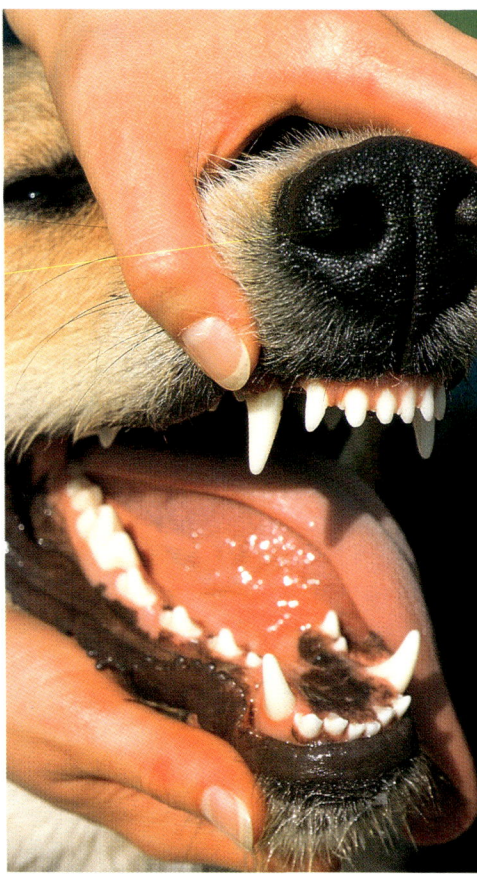

Noch sind die Zähne des gepflegten jungen Hundes blütenweiß.

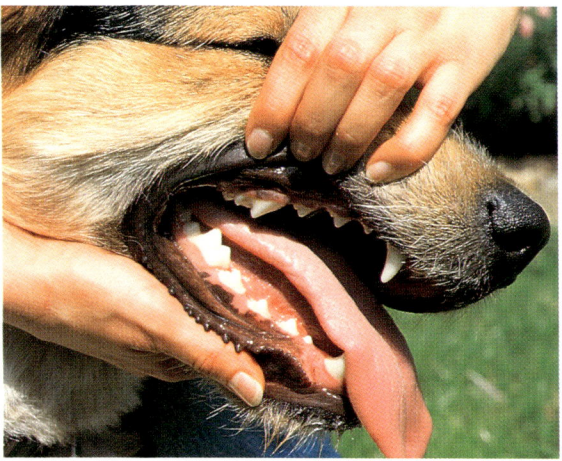

Jederzeit muß sich der Hund seinen Fang öffnen lassen.

▶ Krallen und Pfoten

Läuft Ihr Hund auf glattem Boden oder Parkett und Sie hören ein „klack, klack", dann sind die Krallen zu lang. Lassen Sie sich vom Tierarzt zeigen, wie man eine Krallenzange handhabt. Schneiden Sie nämlich zuviel ab, verletzen Sie eine kleine Ader in der Kralle, deren Blutung nur schwer zu stillen ist. Zu lange Krallen behindern den Hund beim Gehen. Achten Sie bitte auf die kleinen, seitlich über den Vorderpfoten sitzenden Daumenkrallen, die ins Fleisch einwachsen können.

Nach jedem Spaziergang untersucht man die Pfoten nach zwischen den Zehen steckengebliebenen Steinchen, Grassamen usw., die sich ins Fleisch bohren und schwere Entzündungen hervorrufen können. Bei langhaarigen Hunden schneiden Sie das Fell zwischen den Zehen am besten mit einer abgerundeten Schere heraus, damit sich weniger Schmutz usw. einnisten

kann. Meiden Sie im Winter salzge-
streute Wege, und waschen Sie vorsichtshalber nach der Heimkehr die
Pfoten in warmem Wasser ab.

▸ Genitalien und After

Bei langhaarigen Hunden bleiben oft
Kotreste im Fell hängen. Bei Unaufmerksamkeit des Besitzer kann sogar
der After völlig verkleben und ein Kot-
absetzen verhindern! Frischen Kot be-
stäubt man mit duftendem Trocken-
shampoo, trocknen lassen, ausbürsten.
Evtl. kürzt man das Haar rund um den
After.

▸ Der schmutzige Hund

Kommt Ihr Hund schmutzig und naß
nach Hause, lassen Sie ihn vor der
Haustür sitzen, bis Sie einen Eimer
warmes Wasser und ein Fensterleder
herangeholt haben. Mit dem ausgewrungenen Leder trocknen Sie die entsprechenden Fellpartien ab. Es saugt
Schmutz und Feuchtigkeit bestens auf.
Diese Prozedur eignet sich hervorra-
gend für das Praktizieren der „Sitz-
bleib"-Übung!

BADEN ▸ Wie oft man einen Hund
badet, sollte jeder für sich selbst entscheiden – nämlich dann, wenn Sie das
Gefühl haben, er sei schmutzig, wenn
er sich in Unrat gewälzt hat oder sich
der Hund im Fellwechsel befindet. Sitzt
die Unterwolle locker und geht in Bü-
scheln aus, beschleunigt ein Bad den
Haarwechsel und erleichtert der Hausfrau die Arbeit erheblich. Das neue Fell
kann um so schöner und rascher nach-
wachsen. Langhaarige Hunde bürstet
man vor dem Bad gründlich durch,
sonst verfilzt das Fell womöglich stark.
Verschließen Sie die Ohren mit einem

Wattebausch, und stellen Sie den Hund
in die Duschtasse oder Badewanne, die
vorher mit einer rutschfesten Gummi-
matte ausgelegt wurde. Brausen Sie ihn
lauwarm ab, bis er durch und durch
naß ist. Verreiben Sie ein mildes Hun-
deshampoo zwischen den Händen und
massieren es mit den Fingerspitzen bis
auf die Haut. Vorsicht am Kopf, damit
keine Seife in die Augen kommt; ebenso behutsam müssen Sie mit den Genitalien umgehen. Brausen Sie nun den
Hund sorgfältig von oben nach unten
ab und drücken das überschüssige
Wasser aus dem Fell. Es dürfen keine
Seifenreste im Fell bleiben. Legen Sie
dem Hund, noch ehe er sich schütteln
konnte, Handtücher um. Trocknen Sie
den Hund gründlich ab und lassen ihn
an einem sauberen, warmen Platz rest-
los trocknen oder fönen ihn trocken,
wenn er das erträgt, ehe er wieder ins
Freie darf. Vorsicht – manche Hunde
rennen schnurstracks zum nächsten
Kuhfladen, um sich wieder „einzuduf-
ten". Nach dem Bad wird der trockene
Hund gründlich gebürstet.

▸ Sinnesleistung

NASE ▸ Die Riechschleimhaut des
Menschen mißt 5 cm², die eines Deutschen Schäferhundes bis 170 cm²!
Hunde können z. B. Buttersäure in einer millionenfach, Essigsäure sogar in
einer 100 millionenfach geringeren
Konzentration wahrnehmen als der
Mensch. Der vordere Gehirnanteil,
beim Hund Riechhirn genannt, ist wesentlich besser entwickelt als beim
Menschen und ermöglicht dadurch eine bessere Auswertung der Duftreize.
Jedes Lebewesen hat einen Eigenge-
ruch, selbst Stimmungsänderungen
drücken sich in unterschiedlichen Kör-

perausdünstungen aus. Angstschweiß riecht anders, als wenn wir im Sommer schwitzen. Für uns angenehme Düfte können für den Hund äußerst unangenehm sein. Wenn wir die Nase rümpfen, genießt der Hund die interessante Nachricht in vollen Zügen, die ihm der Gestank eines Hundehaufens übermittelt. Diese überragende Fähigkeit des Hundes nutzt der Mensch zum Suchen von Rauschgiften, Drogen, Sprengstoffen, Schimmelpilzen, Leichen u. v. a.

OHREN ▶ Auch das Gehör ist dem unseren weit überlegen. Der Hund kann noch Töne wahrnehmen, die unser Ohr nicht hört. Deshalb gibt es sogenannte stumme Hundepfeifen. Der für uns hörbare Pfiff ist für Hunde ebenso schrill wie für uns eine laute Trillerpfeife. Der Mensch nimmt bestenfalls Töne bis zu einer Frequenz von 20 000 Hertz wahr. Der Hund bis über 40 000 Hertz! Er kann mit Hilfe spezieller Muskeln mit seinen Ohren Schallquellen orten und zwei dicht

Ein Mischling schnüffelt. Die Nase vermittelt dem Hund unendlich viel mehr, als wir uns vorstellen können.

zusammenliegende, unterschiedliche Quellen unterscheiden. Der Hund hört Töne aus einer viermal weiteren Entfernung als der Mensch, und er ist in der Lage, sein Gehör durch bestimmte Muskeln vor großem Schalldruck, also überlauten Geräuschen, zu schützen. Der Hund kann außerdem Töne besser unterscheiden als wir. Er hört genau, wenn unser Auto noch weit vom Haus entfernt um die Ecke biegt. Unser Auto, nicht irgendein Auto gleichen Typs. Er hört Schritte lange vor uns und weiß genau, wer da kommt, egal, was für Schuhe er anhat, ob er rennt oder schlendert. Bei der Hundeerziehung zu brüllen ist deshalb purer Unsinn. Und uns davonzuschleichen, wenn wir den Hund zurücklassen müssen, nützt nichts. Wir können ihm nichts vormachen!

AUGEN ▶ Das Gesichtsfeld des Hundes ist aufgrund der verschiedenen Kopfformen unterschiedlich. So kann ein rundschädeliger Hund mit nach vorne gerichteten Augen weniger gut zur Seite und nach hinten sehen, ist aber, ähnlich dem Menschen, eher in der Lage, Dinge in der Nähe scharf zu sehen.

Langschädelige Hunde haben ein wesentlich größeres Blickfeld zur Seite und nach hinten, aber nur eine geringe Sehschärfe im Nahbereich. Durch Untersuchungen der Netzhaut, die das eigentliche Bild auffängt und ins Gehirn weiterleitet, weiß man, daß Hunde weitgehend farbenblind sind und nur bei guten Lichtverhältnissen die Grundfarben unterscheiden. Dabei sind sie im Dämmerungs- und Nachtsehen dem Menschen weit überlegen. Eine reflektierende Schicht unter der Netz-

haut wirkt zusätzlich wie ein Restlichtverstärker.

Hunde sind sehr viel bessere Beobachter als wir. Ihrem Blick entgeht nicht die geringste Bewegung des Körpers, das Zucken eines Fingers oder ein Augenzwinkern. Sensible Hunde reagieren auf Veränderungen im Gesichtsausdruck ihres Herrn. Unser Hund sieht ein Lächeln ebenso wie Wut in unserem Gesicht. Hunde bemerken unsere Launen viel eher als Mitmenschen.

Deshalb soll man nie mit einem Hund arbeiten, wenn man nervös oder schlecht gelaunt ist. Auch wenn wir versuchen, unseren Zorn zu unterdrücken – der Hund merkt, daß mit uns etwas nicht stimmt! Er freut sich mit uns und teilt unsere Trauer. Wenn sich Hunde seltsam benehmen, dann sind sie oft nur ein Spiegelbild unserer selbst und verunsichert durch unsere innere Stimmung.

DIE HAUT ▶ In der Haut befinden sich Sinneskörperchen, die Druck, Berührung, Vibration, Temperatur und Schmerzen über Nerven ans Gehirn weiterleiten. Es gibt auch bei Hunden schmerzempfindlichere und weniger empfindliche Tiere. Augenbrauen und Barthaare sind Tasthaare, haben aber weniger Bedeutung als bei der Katze.

SCHMECKEN ▶ Am wenigsten unterscheidet sich der Geschmackssinn von unserem. Das erkennen wir leicht daran, wie gern Hunde naschen, nach Süßem betteln und vorzugsweise unser Mittagessen mit uns teilen würden. Dabei spielt der Geruchssinn eine erhebliche Rolle.

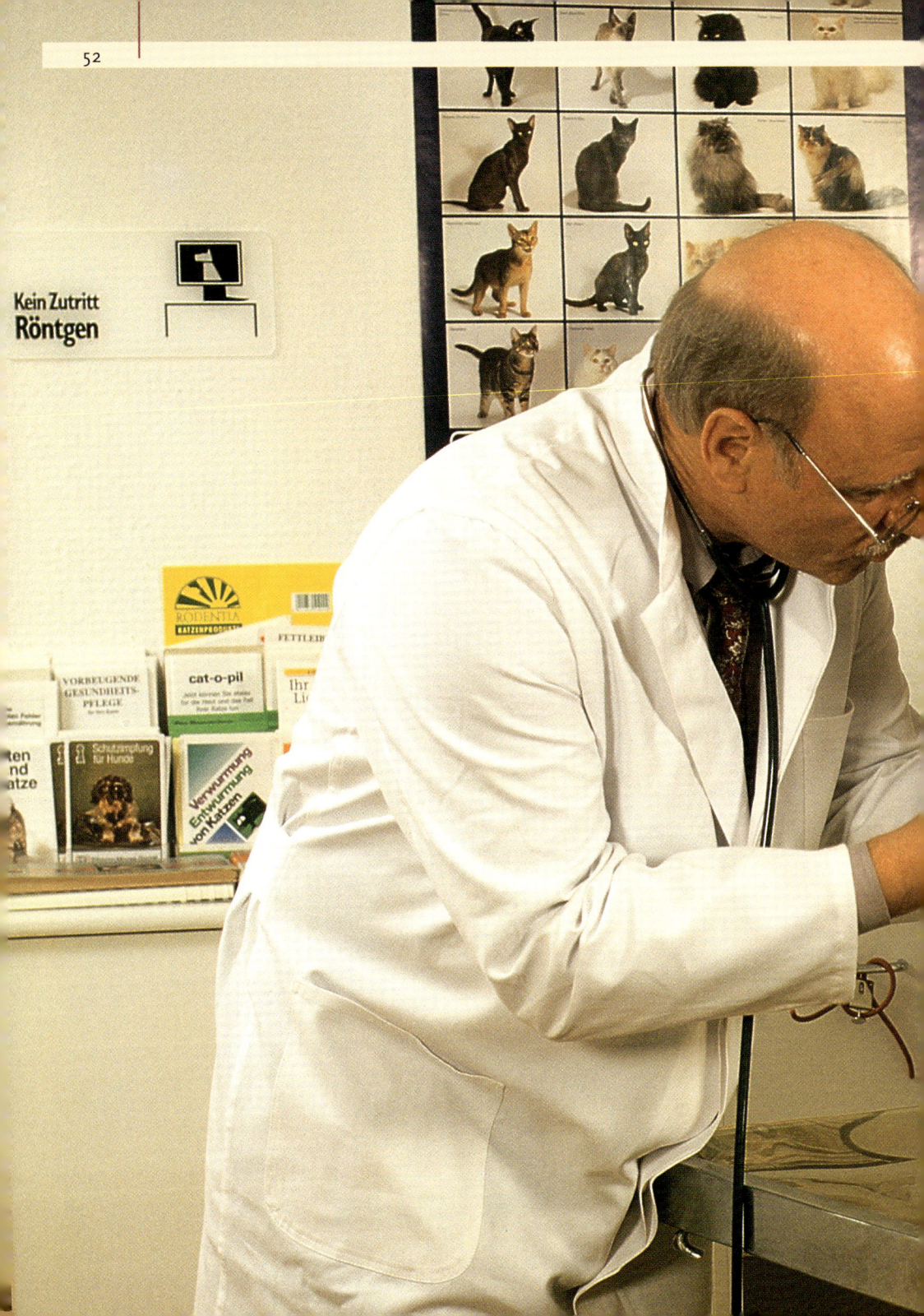

Kein Zutritt
Röntgen

Rundum gesund

Rundum gesund

Hunde können krank werden, genau wie wir Menschen auch. Scheint der Hund unlustig, will er nicht fressen, verhält er sich auch sonst anders als üblich, so können dies Anzeichen einer Krankheit sein. Messen Sie im After die Temperatur (Thermometerspitze bitte einfetten). Die Messung wird nach einigen Stunden wiederholt. Liegt sie auch dann noch höher als 38,8° C (normal sind 38,0 bis 38,6° C) und zeigt der Hund gar irgendwelche Hautunreinheiten oder Ausflüsse aus Augen, Nase, Penis, Scheide oder After, wenden Sie sich sofort an den Tierarzt.

▶ **TIP**

Es ist billiger und besser, mehrmals vorbeugend zum Tierarzt zu gehen, als nachher eine langwierige Behandlung durchstehen zu müssen.

Niemals kuriert man selbst am Hund herum, auch nicht, wenn „erfahrene" Hundehalter gute Ratschläge erteilen. Niemals wird ein Hund mit einem Hausmittelchen oder gar mit Medikamenten aus der Humanmedizin behandelt, wenn das nicht ausdrücklich vom Tierarzt angeraten wurde. Was für uns heilend ist, kann für den Hund tödlich sein.

Ältere Hunde sind allgemein anfällig für Nierenerkrankungen. Man sollte jährlich den Urin untersuchen lassen. Auf diese Weise können Krankheiten früh erkannt und behandelt werden. Wenn ein älterer Hund plötzlich still und scheinbar träge wird, dann schreiben Sie dies nicht dem Alter zu! Ein Hund äußert starke Dauerschmerzen oft durch Stilliegen. Bei Hündinnen können sich dahinter z. B. Gebärmuttervereiterungen verbergen, die oft erst viel zu spät erkannt werden.

▶ **Besuch beim Tierarzt**

Sobald sich Ihr neuer Hund ein wenig eingelebt hat, vereinbaren Sie einen Termin beim Tierarzt. Irgendwann wird er ihn brauchen, und wenn der Hund den Gang zum Tierarzt mit Schmerz und Streß verbindet, haben Sie zeitlebens Mühe beim Tierarztbesuch. Ein ruhiger, dem Arzt gegenüber vertrauensvoller Hund läßt sich problemlos untersuchen. Im Notfall kann davon das Leben des Hundes abhängen. Jeder Tierarzt hat es lieber mit einem braven Hund zu tun, als Zweikämpfe durchstehen, den Hund knebeln oder ruhigstellen zu müssen. Er wird Sie deshalb in Ihren Bemühungen gern unterstützen. Zunächst schaut sich der Tierarzt Ihren neuen

Hausgenossen an, prüft seinen Entwicklungs- und Ernährungszustand, kontrolliert die Impfungen und kann Ihnen sicher manch wertvollen Tip geben.

Tierärzte schütteln manchmal den Kopf, wie wenig Hundebesitzer, die ihre Vierbeiner doch so lieben und sie sogar mit ins Bett nehmen, über sie wissen! Da kommen entsetzte Besitzer mit ihrer Hündin, weil sie „plötzlich" einen faustgroßen Mammatumor entdeckt haben, der allerdings Wochen brauchte, um diese Größe zu erreichen. Möglicherweise kann dem Hund nun nicht mehr geholfen werden, weil sich längst Metastasen bildeten. Früh entdeckt, wäre es ein harmloser Eingriff gewesen! Besitzer wundern sich, daß der Hund

> **Info**
>
> Was tun, wenn der Hund krank erscheint? Ein Tierarzt ist weder allwissend noch ein Wunderheiler. Eine rasche, zutreffende Diagnose hängt vielfach von der Beobachtungsgabe des Hundebesitzers ab.

nicht mehr frißt, und blicken erstaunt drein, wenn der Tierarzt die Lefzen anhebt und sie das stark entzündete Zahnfleisch und die dick mit dunkelbraunem Zahnstein zugesetzten Zähne sehen. Ins Maul hatte man dem Hund noch nie geschaut! Oft entdeckt der Tierarzt unter dichtem Fell völlig verei-

Viel Bewegung an frischer Luft ist gesund!

terte, alte offene Wunden, die dem Besitzer verborgen geblieben waren. Eine sechsjährige Hündin starb beinahe an einer Gebärmuttervereiterung. Man hatte ihren Unwillen, sich vom Lager zu erheben, auf ihr Alter geschoben! Hunde kommen völlig ausgetrocknet zum Tierarzt, weil sie wochenlang an Durchfall litten, den der Besitzer erst kürzlich bemerkt hat.

Voraussetzung für die Gesundheit ist die genaue Beobachtung des Hundes und täglicher enger Kontakt mit dem Hund. Die gründliche Körperpflege dient nicht nur der häuslichen Hygiene, sondern man erkennt frühzeitig alle Veränderungen am Hund, die unschwer behandelt werden können, verschleppt allerdings dem Hund unendliches Leid zufügen und in der Behandlung langwierig und teuer sind.

So gehört es zur Routine des Hundehalters, das Gebiß zu prüfen, in die Ohren zu riechen, den Körper einschließlich Pfoten regelmäßig abzutasten, alle Körperöffnungen gründlich auf Ausfluß, Entzündungen etc. zu überprüfen und sich nicht zu genieren, Hundehäufchen und Urin zu kontrollieren. Insbesondere das Häufchen gibt deutlich Auskunft über die Futterverwertung und den Zustand des Verdauungsapparates des Hundes.

TIP

Sobald Sie auch nur leichte Veränderungen am Hund beobachten, führen Sie Tagebuch darüber.

Sollte ein Tierarztbesuch angeraten sein, können Sie mittels Tagebuchaufzeichnung wertvolle Informationen über den Beginn und Verlauf der Krankheit geben und damit Leid, Zeit und Geld sparen.

▶ Homöopathie und Naturheilkunde

Eine sinnvolle Ergänzung zur klassischen Schulmedizin ist die Homöopathie und Naturheilkunde durch gut geschulte Tierheilpraktiker oder Tierärzte. Homöopathische Therapie versteht sich als Regulationstherapie. Die Regulations- und Ausheilungsvorgänge werden mobilisiert. Der Vorteil liegt darin, daß Symptome nicht unterdrückt werden (wie bei der Behandlung mit chemischen Medikamenten), sondern Ausheilung und Wiederherstellung der Funktion von erkranktem Gewebe angeregt werden. Homöopathische Arzneimittel haben keine Nebenwirkun-

Immer mehr Hundebesitzer interessieren sich für die Verwendungsmöglichkeiten homöopathischer Mittel.

gen. Selbst bei chronischen Veränderungen, die nicht mehr vollständig ausheilen, kann Linderung verschafft werden. Die Grenzen sind erreicht, wenn Organ- und Systemveränderungen so weit fortgeschritten sind, daß eine Regulation oder Regeneration nicht mehr möglich sind. Eine völlig degenerierte Leber oder Niere vermag man daher auch homöopathisch nicht mehr zu heilen.

TIP

Keinesfalls kann die Naturheilkunde den Tierarzt ersetzen, der allein ein krankes Tier fachgerecht untersuchen und die Diagnose stellen kann.

Dies gilt auch für dringend notwendige Operationen und chirurgische Wundversorgung.

▶ Infektionskrankheiten

Erfreulicherweise gibt es heute gegen die schweren ansteckenden Hundekrankheiten zuverlässige Schutzimpfungen: gegen Staupe, Hepatitis (ansteckende Leberentzündung), Stuttgarter Hundeseuche (Leptospirose), Tollwut, Parvovirose und Zwingerhusten. Es ist heute wichtiger denn je, die Impfungen regelmäßig auffrischen zu lassen, denn durch die geöffneten Ostgrenzen kommen bei uns so gut wie nicht mehr vorkommende Hundekrankheiten als ungebetene Gäste herüber. Unsere Hunde besitzen mangels Konfrontation mit diesen Krankheiten kaum noch natürliche Abwehrstoffe und sind deshalb besonders anfällig, wenn sie mit den Erregern zusammentreffen.

Bis etwa zur 7. bis 9. Woche genießt der Welpe Impfschutz durch die Muttermilch, vorausgesetzt, die Hündin wurde geimpft. Deshalb erhalten Welpen in der 6. Woche die erste Grundimpfung gegen Parvovirose und in der 8. Woche gegen Staupe, Hepatitis und Leptospirose (SHL). Die zweite Grundimpfung erfolgt zwischen der 12. und 14., gegen Parvovirose in der 15. bis 16. Woche. Je nach Impfstoff kann gegen Parvo in der 8. Woche zusammen mit SHL geimpft werden (SHLP). Zusätzlich wird gegen Tollwut geimpft. Gegen Zwingerhusten impft man bei besonderer Gefährdung ab der 6. Lebenswoche mit Nachimpfung in der 9., ansonsten in der 10. mit Nachimpfung in der 14. Lebenswoche.

Wichtig ist, daß der Welpe und später auch der erwachsene Hund zum Zeitpunkt des Impfens vollkommen gesund und frei von Würmern und Ungeziefer ist, wenn die Impfungen anschlagen sollen. Deshalb ist eine gründliche Untersuchung durch den Tierarzt Voraussetzung. Bringen Sie eine Kotprobe mit, damit sie auf Würmer untersucht werden kann, die nicht mit bloßem Auge zu erkennen sind.

▶ Störungen des Allgemeinbefindens

DURCHFALL ▶ Er ist häufig ernährungsbedingt und oft durch einen Fastentag bei schwarzem Tee, der notfalls eingeflößt werden muß, behoben. Bei anhaltendem Durchfall jedoch, bei Blut im Stuhl, gar zusammen mit anderen Anzeichen von Unwohlsein, sofort den Tierarzt aufsuchen!

ERBRECHEN ▶ Ein Hund erbricht häufiger, ohne daß man sich Sorgen zu machen braucht. Hat er zu hastig gefressen, kann es vorkommen, daß er einen Teil des Futter hochwürgt, um es anschließend wieder zu fressen. Hündinnen und auch Rüden würgen nach wölfischer Art Welpen häufig halbverdautes Futter vor. Solches Erbrochenes riecht noch nicht einmal unangenehm. Lassen Sie es ruhig wieder auffressen. Nach Grasfressen bringt der Hund gelegentlich dieses Gras zusammen mit weißem Schaum hoch. Auch das ist kein Grund zur Beunruhigung. Wenn der Hund allerdings häufiger erbricht und sich angewidert abwendet, wenn er zudem noch lustlos wirkt, wenn das Erbrochene stinkt oder verfärbt ist (z. B. quittegelb, schwärzlich), suchen Sie sofort tierärztlichen Rat.

VERGIFTUNGEN ▶ Leider kommen durch unsere verseuchte Umwelt Vergiftungen immer häufiger vor. Die Symptome sind so vielfältig wie ihre Ursachen. Bei ungewöhnlichem Verhalten, Teilnahmslosigkeit, Erbrechen,

> **▶ Info**
>
> Vergiftungen verlaufen fast immer tödlich oder richten schwere Dauerschäden an.

Speicheln, Krämpfen, schwerem Durchfall, Blutungen unbedingt den Tierarzt aufsuchen. Es wäre gut zu wissen, was ein Hund in welcher Menge aufgenommen hat, damit der Tierarzt sofort das richtige Gegenmittel anwenden kann. Leider weiß man das in den seltensten Fällen.

Häufig sind es Vergiftungen durch Pflanzenschutzmittel (z. B. „Schnekkenkorn"), Düngemittel, Frostschutz-

mittel (Glysantin), die süßlich schmekken und vom Hund gern aufgeleckt werden, bei denen wenig Überlebenschancen bestehen. Viele Garten- und Zimmerpflanzen sind ebenfalls giftig! Informieren Sie sich! Immer wieder kommen Dicumarol-Vergiftungen vor. Dicumarol verhindert die Blutgerinnung und wird zur Ratten- und Mäusebekämpfung eingesetzt. Müdigkeit, blasse Lefzen, Zahnfleisch und Augenlider, Blutungen aus dem Darm, dem Harnapparat, blutiges Erbrechen deuten darauf hin. Bei sofortiger Behandlung mit Vitamin K besteht eine gute Überlebenschance ohne Folgeschäden.

HAUTUNREINHEITEN ▶ Ekzeme können auf Allergien, Flöhen, Hormonstörungen oder Eiweißüberschuß und vielen anderen Ursachen beruhen und gehören sofort in die Behandlung des Tierarztes.

Mangelnde Abwehrkräfte durch einen gestörten Immunhaushalt öffnen Pilzen, Bakterien und Milben Tür und Tor. Es ist sehr wichtig, die genaue Ursache möglichst früh zu erkennen und gezielt zu bekämpfen. Hautunreinheiten erkennt man im Frühstadium daran, daß sich der Hund an den betroffenen Stellen kratzt oder leckt und das Haar nicht unmittelbar in seine natürliche Lage zurückfällt. Auch bei häufigem Kratzen ohne sichtbaren Grund sollte man den Tierarzt aufsuchen, da es sich um Pilzerkrankungen oder Milben handeln kann, die nur unter dem Mikroskop bzw. durch Gewebeproben zu erkennen sind.

Bestehen Sie gleich zu Beginn der Behandlung auf einer solchen Untersuchung und probieren nicht auf gut Glück irgendwelche Medikamente aus. Leider sind manche Tierärzte hier nicht sehr sorgfältig! Das kann unter Umständen teuer und für den Hund schlimmer werden! Oft wird voreilig eine „Allergie" diagnostiziert und gar mit Cortison behandelt.

MAGENDREHUNG ▶ Besonders große Rassen neigen zu dieser gefährlichen Krankheit. Der gefüllte Magen bläht sich auf und dreht sich z. B. beim Wälzen oder Toben des Hundes um die eigene Achse, Magenein- und -ausgang sind verschlossen. Die Hunde zeigen hinter den Rippenbögen ein- oder beidseitige Wölbungen, gespannte Bauchdecke, erschwerte Atmung, sie sind unruhig, setzen sich zum Teil auf die Hinterhand und zeigen gelegentlich Würgerscheinungen. Erkennt man die Blähung rechtzeitig, kann der Tierarzt durch Ablassen der Gase helfen. Bei der Magendrehung hilft nur sofortige Operation,

doch sind die Rettungschancen je nach Umdrehungsgrad eher gering. Vorbeugend soll es nützlich sein, mehrmals täglich kleinere Portionen einwandfreies, gut eingeweichtes, nicht suppiges Futter zu reichen und nach dem Fressen Springen und Toben zu vermeiden. Die genauen Ursachen sind jedoch nicht bekannt.

▶ Parasiten
Jeder noch so gepflegte Hund hat irgendwann in seinem Leben Würmer und Ungeziefer.

WÜRMER ▶ Besonders anfällig dafür sind Welpen. Am häufigsten kommen Spulwürmer, gelegentlich Band-, Peitschen- und Hakenwürmer vor. Spulwürmer kann man in Kot und Erbrochenem finden, Bandwurmglieder im Kot oder am After klebend, Peitschen- und Hakenwürmer sind nur unter dem Mikroskop sichtbar.
  Erwachsene Hunde leiden seltener unter Wurmbefall. Glanzloses

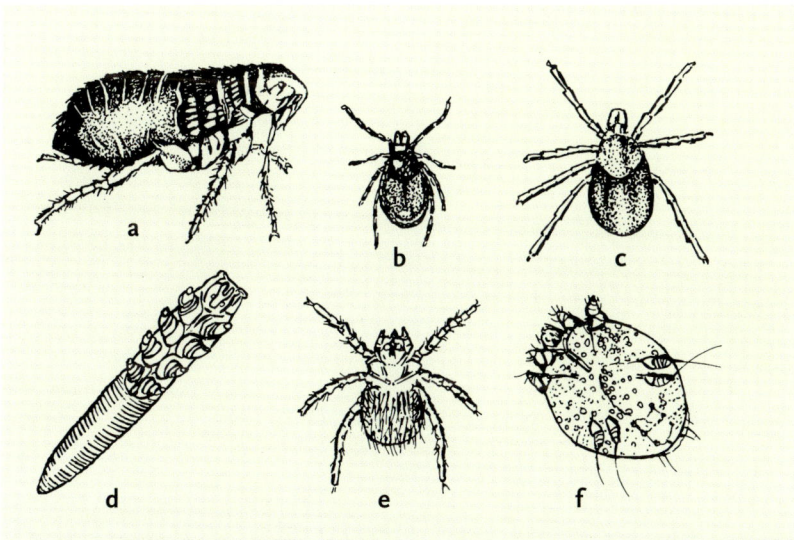

Äußere Parasiten des Hundes:
a) Hundefloh (2–3,5 mm)
b) Zeckenmännchen und
c) -weibchen (einige Millimeter)
d) Haarbalgmilbe (0,3 mm)
e) Herbstgrasmilbe (0,2–0,5 mm)
f) Grabmilbe (0,4 mm)

Haar und verschleimte Augen sind oft ein Hinweis auf ungebetene Gäste.

Der Tierarzt kann anhand von Kotuntersuchungen feststellen, ob und welche Würmer vorhanden sind, und

> **▶ Info**
>
> Besonders hartnäckig ist die Demodex-Milbe, die insbesondere beim gestreßten Hund ausbricht und nur schwer unter Kontrolle zu bekommen ist.

danach die Behandlung ausrichten. Da die üblichen Wurmmittel meist nur gegen Spulwürmer helfen, stets zum Tierarzt gehen.

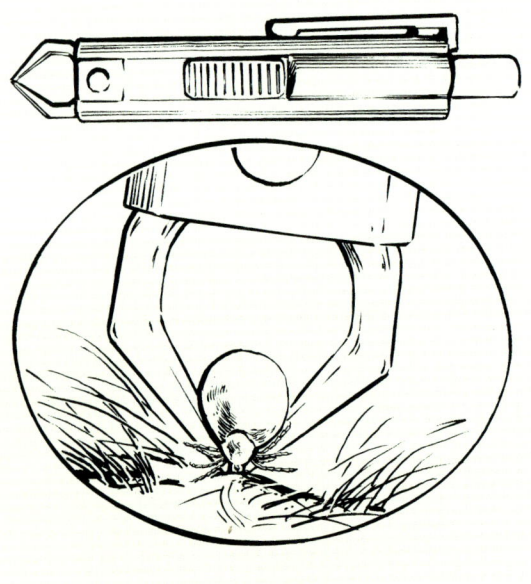

Die Zecke wird ganz vorn am Kopf mit der Zange gefaßt und vorsichtig mitsamt den Mundwerkzeugen herausgedreht.

SCHLITTENFAHREN ▶ nennt man es, wenn der Hund mit dem Hinterteil über den Boden rutscht. Dies kann verschiedene Ursachen haben. Meist deutet es auf eine Verstopfung der Duftdrüsen am After (Analdrüsen) hin. Lassen Sie sich vom Tierarzt zeigen, wie man sie ausdrückt, damit sie sich nicht entzünden, was für den Hund außerordentlich schmerzhaft ist. Es kann aber auch auf Bandwurmbefall hinweisen; dabei rufen die aus dem After krabbelnden Bandwurmglieder Juckreiz hervor. Suchen Sie den Tierarzt auf, da zur Behandlung bestimmte Wurmmittel eingesetzt werden.

UNGEZIEFER ▶ Im Sommer leiden Hunde oft unter Zecken, Flöhen und Milben. Läuse kommen dagegen recht selten vor. Leider sind die üblichen Bekämpfungsmittel wie Flohhalsbänder oder Tinkturen, die man auf die Haut aufträgt, Sprays usw. bezüglich ihrer Giftigkeit – auch für den Menschen – nicht unumstritten. Bitte lesen Sie vor dem Kauf sorgfältig die Bedienungsanweisung und halten sich daran! Flöhe entwickeln sich schubweise in Ritzen und Ecken, deshalb ist eine Langzeitbehandlung erforderlich, die die Umgebung des Hundes mit einschließen muß. Haben sich die Flöhe erst einmal richtig eingenistet, sind sie nur sehr schwer zu bekämpfen.

Zecken bohren sich in die Haut und saugen sich voll Blut, bis sie wie dicke graue Erbsen aussehen. Mit der im Zoofachhandel erhältlichen Zeckenzange kann man die Quälgeister mühelos entfernen. Sie gehört unbedingt ins Urlaubsgepäck. Zecken sind deshalb u. U. gefährliche Parasiten, weil sie eine

ganze Reihe von Krankheiten übertragen können, wie z. B. eine Gehirnhaut-
entzündung oder die Borreliose. Letztere äußert sich in sporadisch wiederkeh-
renden Gliederschmerzen, allgemeiner
Müdigkeit des Hundes und wird oft
nicht erkannt. Anhand einer Blutprobe
festgestellt, kann sie mit Antibiotika,
wenn frühzeitig erkannt, ohne Folgeschäden rasch geheilt werden. Sie wird
von Zecken auch auf den Menschen
übertragen.

Von den Milben gibt es verschiedene Arten, die häufigsten sind Milben
im äußeren Gehörgang (Ohrmilben)
oder an den Pfoten und Läufen (Gras-
milben).

Sie fallen zuerst durch kahle Haut
um die Augen und auf dem Nasen-
rücken auf. Besonders anfällige Tiere
können am ganzen Körper befallen
werden und durch Sekundärinfektio-
nen durch Bakterien in der Haut

schwere Ekzeme bekommen. In manchen Fällen ist eine Heilung gar nicht
möglich. Deshalb sollten Hautveränderungen immer vom Tierarzt festgestellt
und gezielt behandelt werden.

▶ Erbkrankheiten

Hunde leiden, ebenso wie wir Menschen, unter Erbkrankheiten. Leider
sind auch Mischlingshunde betroffen.
Bei Rassehunden werden sie nur öfter
festgestellt, weil man gezielt daraufhin
untersucht, um befallene Tiere aus der
Zucht auszuschließen. Die Fortschritte
in der genetischen Forschung gewähren immer bessere Einblicke in die
Vorgänge der Vererbung. Es werden
viel mehr Krankheiten oder die Veranlagung dazu vererbt, als man gemein-
hin annehmen möchte. Die meisten
Erbkrankheiten treten jedoch nur selten und oft innerhalb bestimmter
Familien auf.

Es gibt Herz- und Augenkrankhei-
ten, Schilddrüsenprobleme u. v. a.
mehr. Die wohl häufigste beim Hund
vorkommende Erbkrankheit ist die
Hüftgelenksdysplasie HD.

Sie ist eine bei Menschen und Hunden weitverbreitete Krankheit, die neben der erblichen Veranlagung stark
von Aufzucht (Fütterung) und Haltung
(Aufzucht auf glatten Böden, Überbe-
anspruchung des Junghundes) beein-
flußt werden kann.

Es handelt sich um eine Fehlbildung
des Hüftgelenks, bei der Oberschenkel-
kopf und Hüftgelenkspfanne nicht
richtig zusammenpassen; in schweren
Fällen renkt sich das Gelenk aus, und
es bilden sich schmerzhafte Arthrosen.
Die Diagnose kann nur durch eine
Röntgenaufnahme der Hüfte bis einschließlich Kniegelenke bei Vollnarko-

se in vorgeschriebener Position im Alter von über zwölf Monaten erfolgen. Am häufigsten betroffen sind große und schwere Hunde, am wenigsten Windhunde. HD-befallene Hunde können schon im leichten Stadium bei entsprechender Beanspruchung Beschwerden zeigen! Schwerer befallene Hunde werden ganz sicher mit zunehmendem Alter Schmerzen haben. Ein neues Hüftgelenk kann eingesetzt werden, ist aber eine für den Hund langwierige und schmerzhafte sowie für den Hundehalter teure Angelegenheit.

HODENFEHLER (KRYPTORCHISMUS)

▶ Hierbei sind einer oder beide Hoden nicht in den Hodensack abgestiegen, sondern in der Bauchhöhle oder im Leistenkanal verblieben. Nicht abgestiegene Hoden sollte man in jedem Fall operieren lassen, da in späterem Alter die Neigung zur Tumorbildung besteht.

▶ Erste Hilfe

Wichtig ist, daß Sie direkt am Telefon und bei Ihren Papieren, die Sie ständig bei sich tragen, eine Liste der Telefonnummern mehrerer in Ihrer Umgebung praktizierender Tierärzte haben, damit im Notfall rasche Hilfe gewährleistet ist. Bewahren Sie bei einem Unfall, einer bösen Rauferei, Magenblähung, Hitzschlag, Schock, Kreislaufkollaps, Insektenstichen usw. trotz aller gebotenen Eile zunächst Ruhe. Dann rufen Sie einen Tierarzt an, der Ihnen schon am Telefon wertvolle Tips zur Ersten Hilfe geben kann, damit Sie, bis Sie mit dem Hund in der Praxis angelangt sind, die nötigen Vorkehrungen für rasches Eingreifen treffen

können. Den Tierarzt zu rufen hat wenig Sinn, da wertvolle Zeit verlorengeht, denn nur in seiner Praxis hat er die notwendigen Geräte und Medikamente.

▶ Abschied

Hunde haben einen einzigen schier unerträglichen Fehler: Ihr Leben ist zu kurz. Selbst ein erfülltes Hundeleben vergeht wie im Fluge. Und gerade dann, wenn die Verständigung mit dem Hund keiner Worte mehr bedarf, wenn ein Blick Bände spricht, das gegenseitige Vertrauen und Verstehen am tiefsten ist, ist die gemeinsame Zeit abgelaufen. Oft endet sie mit der qualvollen Frage, ob man aus purem Eigennutz das Leben des geliebten Wesens nicht beendet. Oft war die Entscheidung richtig, einen alten Hund noch einmal zu operieren. Genausogut kann es ein Verlängern der Qual werden, weil man den

> ### ▶ Wußten Sie,
>
> daß Hunde mit einer sinnvollen Beschäftigung älter werden? Das jedenfalls ist so nach Auffassung des Trainers und Züchters der Lassie-Dynastie. Von den neun Lassies starb nur einer jünger als 17 Jahre. Die älteste wurde 19! Trainer Weatherwax hat alle Lassies im Ruhestand immer wieder mit Aufgaben betreut, damit sie sich nicht abgeschoben fühlen sollten.

letzten Schritt scheut. Niemand kann Ihnen diese schwere Entscheidung abnehmen, ob das Leben für den Hund noch lebenswert ist oder nicht. Auf die

Gnade, daß er eines Morgens nicht mehr erwacht, kann man hoffen, aber nicht damit rechnen. Es ist auch sehr schwer zu sagen, ob ein Hund Schmerzen hat oder nicht. Schweren Dauerschmerz erträgt er still, nur ein sehr guter Beobachter fühlt es. Spätestens dann ist der Zeitpunkt gekommen, mit dem Tierarzt zu sprechen. Wenn es geht, bitten Sie ihn zu sich, um dem Hund den letzten Gang zu ersparen. Vor allen Dingen drücken Sie ihn nicht irgendeinem Fremden in die Hand, dem es leichter fällt, weil er keine Beziehung zum Hund hat. Das hat Ihr treuer Begleiter wirklich nicht verdient!

Ein guter Tierarzt wird dem Hund eine Beruhigungsspritze geben, ehe die tödliche Dosis erfolgt. So schläft der Hund in Ihren Armen friedlich ein.

Leider kommen auch beim Hund in jedem Alter Krankheiten und Verletzungen vor, bei denen abzuwägen ist, ob der Hund jemals wieder ein lebenswertes Dasein führen kann. Hier hilft Ihnen sicher nur das Vertrauen zum Tierarzt in der Hoffnung, daß auch er an das Wohl des Tieres denkt und unnötige Behandlungen unterläßt.

Was auch passiert, das Wohl des Tieres muß immer und bei allen Überlegungen Vorrang haben.

Goldi ist 17$^{1}/_{2}$ Jahre alt und noch immer rüstig und bei gutem Appetit.

Erziehung leichtgemacht

Erziehung leichtgemacht

Erziehung ist für Hunde keine Schika-
ne, sondern eine Lebensnotwendigkeit.
Hat der Hund keine Rudelordnung,
schafft er sie nach seinem Gutdünken.
Das mag uns bei einem kleinen Hund
vielleicht amüsieren, beim Riesenhund
kann es für den Menschen gefährlich
werden! Rudelführer muß immer der
Mensch sein. Kann sich ein Hund nicht
in jeder Lage auf seinen Rudelführer
verlassen, dann wird er unsicher, zeigt
vielfältige Verhaltensstörungen von
Ängstlichkeit, mangelnder Stubenreinheit bis hin zur unkontrollierten Bissig-
keit.

Ich werde immer traurig und emp-
finde Mitleid mit einem Hund, dessen
Besitzer stolz verkünden, daß sie auf
einen gehorsamen Hund gar keinen
Wert legen. Er soll ein freies, unge-
zwungenes Leben führen. Abgesehen
davon, daß der Arme über kurz oder
lang sein Leben unter einem Auto aus-
haucht, beweisen sie, daß sie keine Ah-
nung von Hunden haben und nicht ge-
willt sind, die Verantwortung gegenüber ihrem Hund und ihren Mitmenschen zu tragen. Solche Menschen verdienen keinen Hund! Schlimm genug,
daß viele Hundehalter zwar guten Wil-
lens sind, aber aus Unerfahrenheit und
Unkenntnis heraus nicht zum Ziel
kommen. Sich jedoch nicht einmal zu
bemühen, das ist sträflich! Sie versäu-
men das beglückende tiefe Verständnis
zwischen Hund und Mensch. Sie besitzen nichts weiter als ein zahmes Tier,
um dessen Verständnis sie sich nicht
einmal bemühen wollen. Sie versäu-
men das Glück, einem fröhlichen
Hund Freiheiten gewähren zu dürfen,
bei denen ein nicht oder falsch erzoge-
ner Hund nur traurig an der Leine hän-
gend zusehen darf.

Sie werden sehen, dem Hund etwas
beizubringen, zu erleben, wie er mitar-
beitet und sich freut, wenn er Sie endlich begriffen hat und gelobt wird, das
macht Spaß, unendlich viel Spaß.

▶ Rudelführer Mensch

Einigen Sie sich in der Familie, wer den
Hund erzieht und was der Hund nicht
tun darf. Niemand darf ihm erlauben,
was ein anderer verbietet. Man kann
sich durch Nachgiebigkeit nicht ein-
schmeicheln, im Gegenteil, Hunde „lieben" denjenigen am meisten, der sich
ihnen gegenüber am besten durchzusetzen und zu verständigen versteht.
Hunde sind sehr wohl in der Lage,
menschliche Schwächen auszunutzen,
und wissen schnell, bei wem Betteln
Erfolg hat und wer sie nicht vom Sofa
wirft. Als Rudelführer erkennen sie solche „Schwächlinge" jedoch nicht an.
Alle Familienmitglieder müssen konsequent bleiben. Wenn der erwachsene

Hund nicht auf das Sofa soll, dann darf es der kleine Welpe auch nicht – grundsätzlich nicht. Er wird sein Privileg nämlich demjenigen gegenüber verteidigen, der es ihm bisher erlaubte und aus irgendeinem Grund plötzlich nicht will, daß der Hund hinaufspringt. Je nach Veranlagung des Hundes wird er knurren oder gar schnappen. Es kommt selten aus heiterem Himmel zu ernsthaften Bissen. Die meisten Besitzer weichen entsetzt zurück und begreifen ihren Hund nicht mehr. Entweder sind ihnen die ersten unterschwelligen Warnungen des Hundes entgangen, oder sie hatten eben bisher Glück, weil sich für den Hund keine Gelegenheit ergeben hatte, sich durchsetzen zu müssen. Passiert Ihnen so etwas, atmen Sie tief durch, raffen all Ihren Mut zusammen, und setzen Sie sich durch! Klappert der etwas ältere Junghund mit den Zähnen, klapsen Sie ohne Kraftaufwand mit der flachen Hand unters Kinn, begleitet von ärgerlichem „Nhaa", einem tief in der Kehle grollenden Ton, der das Knurren

der Mutterhündin nachempfinden soll. Das Maul klappt zu, für den Hund sehr unangenehm. Sie können ihn damit nicht verletzen, aber der Schock ist lehrreich. (Wenden Sie diese Maßnahme keinesfalls bei fremden Hunden und neu übernommenen erwachsenen Hunden an!) Werfen Sie ihn runter vom Sofa. Der Hund wird sich wundern und Sie fortan akzeptieren. Unserer natürlichen Angst nachzugeben ist gefährlich. Viele Menschen wissen gar nicht, daß sie Angst vor ihrem Hund haben, und mag er auch noch so klein sein. Sie vermeiden instinktiv Handlungen, die der Hund nicht mag. Doch irgendwann machen sie einen Fehler in den Augen des Hundes, und der fühlt sich genötigt, endlich erzieherisch gegenüber seinem Menschen einschreiten zu müssen. Es kommt zu einer ernsthaften Auseinandersetzung, die böse Folgen für alle Beteiligten haben kann. Es ist deshalb außerordentlich wichtig, daß der Hund vom ersten Tag im neuen Heim – ob Welpe oder erwachsener Hund – schon

Welpen erkennen die Überlegenheit des Rudelführers sofort an und bieten demutsvoll das empfindliche Bäuchlein dar.

lernt, daß alle Familienmitglieder immer noch mehr zu sagen haben als er. Beim Junghund ist es einfach, weil wir ihm noch kräftemäßig überlegen sind und er sich in einer Entwicklungsphase befindet, in der er rasch die Überlegenheit der erwachsenen Rudelmitglieder akzeptiert. Schwieriger ist die Situation mit kleinen Kindern, weil der Hund sehr schnell spürt, daß sie das schwächste Glied in der Familienkette sind. Je nach Veranlagung des Hundes könnte er versuchen, über das Kind wenigstens eine Stufe höher auf der Hierarchieleiter zu klettern. Deshalb darf man die beiden nie unbeaufsichtigt lassen. Man kann nie ahnen, wann dem Hund was in den Sinn kommt, auch wenn es bisher immer gutging!

Nicht jeder Hund reagiert von seiner Veranlagung her aggressiv. Manche erreichen durch komisch anmutende Aktionen ihr Ziel. Man lacht herzlich und bringt es nicht fertig, dem Hund etwas zu verbieten. Der Hund hat sein Ziel erreicht und sich wieder einmal bewiesen, wer hier das Sagen hat. Auch ein solcher Hund wird nie zuverlässig gehorchen, sondern nur dann, wenn ihm danach ist. Das kann ihn u. U. das Leben kosten!

Tatsächlich sind die meisten Hunde unkompliziert, doch sollten Sie mit Ihrem Probleme haben, überlegen Sie zunächst, woran es liegen kann. Meist handelt der Hund von seinem Verständnis her völlig normal, nur paßt uns sein Verhalten dann nicht in den Kram. Mit ein wenig Kenntnis von Hundeverhalten und Hundedenken, gehen wir von vornherein möglichen Schwierigkeiten weitgehend aus dem Wege.

Unter den Menschen gibt es genau-

> ### Info
>
> Eine gute Möglichkeit, die Rangordnung über den Hund ohne Aufwand zu sichern, ist die tägliche Pflege, bei der er sich auf den Rücken legen und alle Prozeduren geduldig über sich ergehen lassen soll. An dieser Stelle möchte ich noch einmal betonen, wie wichtig es ist, sich selbst zu prüfen, ehe man einen Hund anschafft.

so wie bei Hunden herrische und nachgiebige Typen, Menschen, die es lieben, das Sagen zu haben, und solche, die lieber mit den Achseln zucken und Streit vermeiden.

Entsprechend muß der Charakter des Hundes passen, sonst kommt es zur Katastrophe. Der selbstbewußte, sich durchsetzende Mensch ist unglücklich mit einem unterwürfigen Hündchen, das unsicher und ängstlich wirkt. Er kann die Auseinandersetzung mit einem Hund durchstehen und ist auf seinen selbstbewußten Hund genauso stolz wie der Hund auf seinen überlegenen Rudelführer. Der nachgiebige Mensch wird leiden, wenn er ständig mit seinem Hund hadern muß, damit er gehorcht. In manchen Fällen rafft er sich durch Lernen der Hundeerziehung auf, dem Hund Rudelführer zu sein. Je nachdem, wie halsstarrig (= dominant!) der Hund ist, wird das nicht leicht. Für solche Menschen scheidet von vornherein ein großer, starker Hund aus, dem man körperlich einfach nicht gewachsen ist. Wer sich schon in einer mißlichen Situation mit seinem aufmüpfigen Vierbeiner befindet, sollte unbedingt professionellen Rat bei einer seriösen Hundeschule suchen, die ihm den richtigen Weg im Umgang mit diesem bestimmten Hund weist.

▶ **Ein Welpe kommt ins Haus**

Ob Sie das Glück haben, einen Welpen aus einem Wurf aussuchen zu dürfen, oder nicht, der Welpentest hilft Ihnen, die Persönlichkeit Ihres neuen Hausgenossen einzuschätzen, und erleichtert Ihnen den künftigen Umgang mit dem Hund, trägt aber möglicherweise auch zu der Entscheidung bei, einen bestimmten Welpen gar nicht erst ins Haus zu nehmen.

WELPENTEST ▶ Ursprünglich für die Auslese von Welpen für die Ausbildung zu Blindenführhunden entwickelt, vermittelt das Testen von sechs bis sieben Wochen alten Welpen, das, richtig gemacht, dem Hund nicht schadet, ein ziemlich klares Bild von angeborenen und angelernten Verhaltensweisen. Das hilft, zukünftig unerwünschtes Verhalten zu vermeiden. Noch kann in der folgenden Sozialisierungsphase zwischen der achten und zwölften Woche Versäumtes nachgeholt und falsch Angelerntes korrigiert werden. Selbst mit der sechzehnten Woche hört diese Phase des Lernens nicht auf. Sein

1 *Kommen*

Testen des Annäherungsverhaltens als ein Teil der Prägung. Tester lockt Welpen an.

4 kommt direkt, springt hoch, knabbert, leckt
3 kommt direkt, gibt Pfote
2 kommt geradewegs, aber gleichgültig, gelassen
1 kommt nicht direkt, erkundet die Umgebung
0 kommt nicht, kriecht weg, ist erstarrt

2 *Zwangshaltung*

Testen der Unterwürfigkeit als Teil der Sozialisierung. Der Welpe wird mit einer Hand über der Brust auf dem Rücken liegend an der Bewegung gehindert und festgehalten.

4 kein Widerspruch, entspannt, leckt evtl.
3 wehrt sich etwas, ruhig, entspannt
2 wehrt sich anhaltend, strampelt, angespannt
1 wehrt sich anhaltend, knurrt, beißt
0 erstarrt, klemmt Rute zwischen die Beine

3 *Nachlaufen*

Teil der Prägung. Tester läuft vor dem Welpen her, Lockrufe sind erlaubt.

4 folgt sofort, springt, knabbert, leckt

3 folgt sofort, fröhlich wedelnd

2 folgt zögernd, gleichgültig, gelassen

1 folgt nicht, erkundet selbst die Umgebung

0 folgt nicht, kriecht weg, erstarrt

4 *Streicheln*

„Vereinnahmen" als Teil der Prägung. Sitzender oder stehender Welpe wird über den Kopf und Körper gestreichelt.

4 springt auf, knabbert, leckt, spielt

3 gibt Pfote, positiv aktiv

2 übergeht es gleichgültig, gelassen

1 passiv oder entzieht sich, knurrt oder beißt

0 erstarrt

5 *Hochheben*

Testen einer Zwangshaltung als Teil der Sozialisierung.

4 kein Widerstand, entspannt, leckt evtl.

3 wehrt sich etwas, ruhig, entspannt

2 wehrt sich anhaltend, strampelt, gespannt

1 wehrt sich anhaltend, knurrt, beißt

0 erstarrt

6 *Kneifen*

Test der physischen Härte (wichtig für Erziehungsmaßnahmen). In Flankennähe wird der Welpe gekniffen.

4 reagiert deutlich unterworfen, entspannt

3 reagiert nicht deutlich unterworfen

2 übergeht es gelassen, reagiert kaum

1 reagiert nicht, knurrt, beißt

0 schreit furchtbar oder erstarrt

7 Apportieren

Testen der Arbeitsbereitschaft. Interessant für Menschen, die sich mit ihrem Hund sportlich betätigen wollen. Ein Ball wird sichtbar weggerollt.

4 läuft nach, nimmt ihn (apportiert)

3 läuft hinterher

2 reagiert zögernd, gleichgültig

1 reagiert gar nicht, sieht aber den Ball

0 erstarrt

ganzes Leben lang lernt ein Hund, gewöhnt sich etwas an oder ab. Es dauert nur erheblich länger und kostet viel mehr Zeit und Geduld, als wenn man mit dem Welpen schon den richtigen Weg einschlug.

Der Test legt das für einen Familienhund erwünschte Verhalten zugrunde. Er wird am besten im Alter von sechs bis sieben Wochen durch eine dem Welpen unbekannte Person und an einem Testort, der frei von störenden Einflüssen ist, durchgeführt. Um eine klare Diagnose zu stellen, sollte man den Test nicht mehrmals vornehmen. Lernverhalten und Gewohnheit würden das Bild positiv verfälschen.

Spielerisches Knabbern darf nicht als aggressives Beißen ausgelegt werden; Beißen und Knurren jedoch als aggres-

siv-dominant. Die einzelnen Teststufen sollten mindestens dreißig Sekunden dauern.

Der Test wurde von Jan de Wit, einem Bearded Collie-Züchter, unter Zugrundelegung eigener Forschungsarbeiten sowie der Tests von Campbell/Frijlink und Pfaffenberger entwickelt. Teil 6 und 7 sind von Pfaffenberger (1976). Man kann diese Testteile durch Geräusch- und Schreckeffekte erweitern.

AUSWERTUNG DER TESTS ▶ Die Testteile müssen gesondert gewertet werden. Das Ergebnis ist mehr als die Summe der einzelnen Testergebnisse. Es ist daher nicht sinnvoll, einen Welpen mit der Gesamtpunktzahl zu

▶ **Bewertung**

Ergebnisse anhand der durchschnittlichen Punktzahl:

4 Gut geprägter und sozialisierter Welpe. Er ist begeistert und weiß, was unterwürfig ist.

3 Geprägter und recht gut sozialisierter Welpe, bei etwas Nachdruck zeigt er Unterwürfigkeit.

2 Mäßig sozialisierter Welpe, er reagiert ziemlich gleichgültig, hat wenig Kontakt, kann sich dominant entwickeln, wenn die richtige Erziehung fehlt.

1 Dominanter Welpe, der immer selbst die Regeln bestimmt; schlecht sozialisiert.

0 Ängstlicher Welpe, wahrscheinlich nicht auf Menschen geprägt, schlecht sozialisiert.

charakterisieren. Aber es ist möglich, folgende Gruppen zu bewerten:
1, 3 und 4 sind der Prägetest.
1 und 5 sind der Sozialisierungstest.
2, 6 und 7 müssen gesondert gewertet werden, weil beide mehr über die genetisch bestimmten Anlagen bzw. über Härte/Empfindsamkeit und vorhandene/keine Arbeitsbereitschaft aussagen. Das Apportieren kann schon in sehr frühem Alter erlernt werden.

ANMERKUNG ▶ Unterwürfigkeit darf nicht mit Ängstlichkeit verwechselt werden. Unterwürfigkeit einer überlegenen Person gegenüber ist normal. Auch wenn manchem Menschen ein dominanter Welpe imponieren mag, so muß er doch gut abwägen, ob er wirklich einen Hund in seiner Familie gebrauchen kann, mit dessen Verhalten er sich entsprechend auseinandersetzen muß, um einen angenehmen Familienhund zu bekommen. Hierzu gehört viel Sachverstand in Hundeverhalten und Erziehung. Wer bisher keine Erfahrung mit Hunden hatte, sollte sich nicht überschätzen! Auch werden Familien mit Kleinkindern besser mit einem Welpen der Kategorie vier und drei fahren!

▶ Der Hund aus dem Tierheim

Nur sehr selten kennt man die wahren Gründe, warum ein Hund im Tierheim landete. Es gibt viele Gründe, und nicht unbedingt hatte er schlimme Erfahrungen mit Menschen, die sein Verhalten nachhaltig beeinflußten.

Viele, die einen solchen erwachsenen Tierheimhund übernehmen, neigen dazu, ihn zunächst mitleidig zu verwöhnen, damit er sich bald heimisch fühlt und glücklich ist. Doch hier vermenschlichen wir den Hund. Er lebt

nur in der Gegenwart und macht immer das Beste draus. Er grübelt nicht über seine Vergangenheit nach oder hat Zukunftsängste. Er verknüpft nur ständig Erfahrungen mit der gegenwärtigen Situation, um für ihn am geeignetsten reagieren zu können. So mag es vorkommen, daß er auf bestimmte Dinge, Menschen, Geräusche, Situationen angstvoll oder aggressiv reagiert, weil er damit unangenehme Erlebnisse verbin-

Hunde sind oftmals nicht nur Freund und Spielkamerad, sondern auch behutsame Erzieher!

det. Ansonsten besitzt der Hund aber die Mentalität: Aus den Augen, aus dem Sinn.

Beobachten Sie den Hund, später, wenn er Ihnen vertraut, können Sie versuchen, seine Ängste abzubauen. Zunächst aber fangen Sie ganz von vorne mit ihm an, wie mit einem Welpen. Und vor allen Dingen, fangen Sie sofort mit ihm an. Lassen Sie ihm NICHT Zeit, bis er sich etwa eingelebt hat. Ich habe schon so viele Leute begeistert von ihrem neuen Hausgenossen reden hören. Ach, er war so lieb, so brav, so dankbar, so verschmust. Bellte nie. Machte nichts kaputt. Doch dann auf einmal war es aus, es gab Probleme der verschiedensten Art. Und tatsächlich beginnt nach Erfahrung der Tierheimbetreuer gute zehn bis vierzehn Tage nach Übernahme des Hundes die kritische Phase.

Werfen wir einen Blick in ein Hunderudel. Schließlich sind wir Menschen für den Hund nichts anderes als Rudelgenossen. Für Hunde ist es überhaupt kein Problem, sich zu Rudeln zusammenzuschließen und Neulinge aufzunehmen. In manchen Ländern sind verwilderte Haushundrudel schon zur echten Bedrohung geworden, und man versicherte mir, daß selbst verzärtelte Rassehunde im Handumdrehen mitziehen und durchaus in der Lage sind, ohne ihren Menschen zu überleben. Tatsächlich sind solche verwilderten Hundemeuten gefährlicher als Wölfe, da sie keine angeborene Scheu vor dem Menschen haben und die Gewohnheiten des Menschen viel besser kennen. Stößt nun ein neuer Hund hinzu, benimmt er sich zunächst unterwürfig und unauffällig. Er integriert sich ganz schnell, etwa binnen zwei Tagen. Seine nächste Aufgabe ist dann, seine Position in der Rangfolge des Rudels festzustellen und – je nach Veranlagung – einen möglichst hohen Rang einzunehmen.

Die Situation ist die gleiche, wenn man einen Tierheimhund in seiner Familie aufnimmt. Lassen wir dem Hund völlige Freiheit, bis wir mit seinen Gewohnheiten vertraut sind, ist es zu spät. Seine Gewohnheiten sind die, die wir ihm zugestehen.

▶ Wie Hunde lernen

Was macht nun den Rudelführer aus? Daß er Kommandos brüllt und sich der Hund angstvoll auf den Boden wirft? Haben Sie solches je beobachtet, wenn Hunde unter sich waren? Nie! Der Rudelführer hat Privilegien, die er erfolgreich verteidigt. Dafür trägt er auch die Verantwortung für das Rudel. Er bestimmt das Lager, den Aufbruch zur Jagd, kann das Rudel zum Jagderfolg führen. Übersetzt ins Familienleben bedeutet das, der Chef ißt zuerst, wählt seinen Schlafplatz aus, geht allen ande-

Kluge Mischlingshunde? Diesem Bullterrier-Schnauzer-Mix sieht man den Lerneifer an!

ren in engen Durchgängen voraus, verteidigt sein Eigentum und seine Familie. Diese Aufgaben obliegen uns bzw. dem Familienvorstand. Geben wir dem Hund aus Unkenntnis heraus Vorrechte, übernimmt er die Verantwortung. Gleichzeitig akzeptiert er uns nicht mehr als tonangebend. Folge: Er gehorcht nicht oder nur dann, wenn es ihm in den Kram paßt. Sie können auch ohne großen Hundeverstand von Anfang an etwas für Ihre Position im Rudel tun. Füttern Sie nie den Hund vor dem Essen, weil Sie seine bettelnden Blicke nicht ertragen können. Essen Sie mit Ruhe und ohne Notiz vom Hund zu nehmen zu Ende, bereiten dann sein Futter zu. Der Hund hat nichts im Schlafzimmer zu suchen. Hat er es sich auf dem Sessel bequem gemacht, schicken Sie ihn herunter und setzen sich demonstrativ ein paar Minuten drauf. Nehmen Sie sein Lieblingsspielzeug nach einem Spiel ohne Zugang für den Hund weg, holen es fürs nächste Spiel wieder heraus. Die Beute schleppt der Boß ab. Er bestimmt, wann was gespielt wird und wie lange. Meiden Sie alle Spiele, bei denen Sie mit dem Hund Ihre Kräfte messen, z. B. Zerren an einem Lappen usw. Meist beenden wir das Spiel und lassen den Hund mit seiner Beute davonziehen. Aber damit hat er nicht nur seinen Spaß, sondern schon wieder eine kleine Stufe nach oben in der Rangordnung erklommen. Insbesondere Kinder dürfen solche Spiele nie mit dem Hund spielen.

Ebensowenig gehört es zum Spiel, sich vom Hund spielerisch beißen zu lassen.

Üben Sie vom ersten Tag an „Sitz" und „Platz". „Platz" ist eine hervorragende Unterordnungsübung. Lassen Sie dem Hund nicht Zeit, bis er seinen Platz im Rudel bestimmt hat, sondern bestimmen Sie seinen Rang!

Wenn Sie es nicht gerade mit einem außerordentlich dominanten Hund zu tun haben, wird er Sie anbeten und zufrieden sein und Sie zu einem glücklichen Hundebesitzer machen.

Zunächst möchte ich Ihnen dringend empfehlen, sich zwei Bücher zu besorgen und, möglichst noch bevor der Hund ins Haus kommt, zu lesen. (Bitte beachten Sie den Literaturhinweis im Anhang.) Eines über Hundeverhalten und eines über Erziehung. Wir können Ihnen in diesem Buch nicht die gesamte Thematik Verhalten und Erziehung nahebringen. Doch es

▶ Welpenkindergarten

Babys lernen von Geburt an ständig Neues von ihren Eltern, nicht erst, wenn sie in die Schule kommen. Auch Welpen lernen, ob man etwas dazu tut oder nicht. Wichtig ist, daß man sie schon früh mit „Sitz", „Platz" und „Leinegehen" liebevoll und ohne Zwang vertraut macht. Um so schneller lernen sie, diese Worte mit erwünschten Aktionen zu verknüpfen, die Lob und Belohnung einbringen. So vermeidet man später drastische Erziehungsmaßnahmen und baut dauerhaftes Vertrauen auf. Warten Sie mit der Erziehung nicht, bis sich der Hund so allerlei Dummheiten angewöhnt hat und ihm im Flegelalter so gar nicht der Sinn nach Gehorchen steht.

lohnt sich, Zeit und Kosten zu investieren, denn es macht unendlich viel Spaß, den Hund als Hund zu verstehen und sich ihm verständlich zu machen. Es ist das Einmalige am Hund, sich mit ihm verständigen zu können wie mit keinem anderen Tier. Darum halten wir Hunde. Erziehung ist nichts anderes, als miteinander zu kommunizieren zum gemeinsamen Wohlbefinden!

Hunde lernen durch Belohnung und ausbleibende Belohnung, nicht durch Strafe. Schläge z. B. gibt es unter Hunden nicht, sie verstehen sie nicht, auch wenn sie scheinbar Angst oder gar „Reue" zeigen. Man erreicht durch Wutausbrüche und drastische Strafen meist das Gegenteil. Unsere Hunde werden ablehnend und stur. Vertrau-

ensvollen Gehorsam erreicht man nur durch Üben und Belohnen. Muß Tadel sein, sollte ein scharfes „Nhaa" genügen, den Hund von seinem unerwünschten Tun abzulenken. Wichtig ist, den Hund nie für Vergangenes zu strafen oder zu tadeln. Er verknüpft Ihren Unmut ausschließlich mit dem, was er gerade tut. Logisch in die Vergangenheit zurückdenken kann er nicht. Tadeln darf man nur unmittelbar dann, wenn der Hund tut, was wir nicht wollen! Versäumt man den Zeitpunkt, stiften wir nur Verwirrung beim Hund und erreichen möglicherweise genau das Gegenteil von dem, was wir wollten!

Hunde lernen unendlich viel, und es macht ihnen Spaß, wenn sie eine Auf-

Welpen sind bereits aufmerksame Beobachter ihrer Umwelt.

gabe gelöst und ein Erfolgserlebnis durch ihren Herrn bestätigt bekommen. Voraussetzung aber ist, daß man nie launisch und unberechenbar ist. Wer einen Hund erzieht, muß sich zusammennehmen können. Bei schlechter Laune oder Streß fallen die Übungen besser aus, ehe Fehler passieren, die kaum rückgängig zu machen sind. Welpen dürfen nie grob angefaßt werden. Niemals darf irgendeine Erziehungsmaßnahme dem Hund weh tun oder ihn gar verletzen.

Man übt nur an einem ungestörten Ort und bei guter Laune, wenn der Hund wach und aufmerksam ist. Beim Welpen dauern die Übungen nur Minuten, denn er kann sich weder lange konzentrieren noch auf Dauer etwas merken. Mit zunehmendem Alter werden die Übungszeiten länger, aber nie darf man erst dann aufhören, wenn der Hund „sauer" ist. Seine letzte Erinnerung an die Übung ist „sauer" – er wird die nächste lustlos angehen! Immer wenn der Hund etwas gut gemacht hat, beenden wir die Übung mit Lob und Spiel. Niemals im Frust aufhören. Klappt es mal gar nicht so recht, übt man zuletzt etwas, das der Hund wirklich sicher kann, um ihn dann in Lob und Spiel zu entlassen. Versuchen Sie es mit der nicht gelungenen Übung später wieder, und denken Sie über eine Alternative nach, wie der Hund Sie besser verstehen könnte. Nur so werden die Übungszeiten zu einer angenehmen Erfahrung, auf die sich der Welpe freut. Voraussetzung für erfolgreiches Lernen – nicht nur bei Hunden! Diese Regel gilt ein Hundeleben lang. Alle Übungen enden mit einer lockeren Spiel-und-Tobe-Runde. Deshalb nur dort üben, wo der Hund sicher und abseits vom gefährlichen Straßenverkehr laufen kann.

Übernehmen Sie einen älteren Hund, lassen Sie ihn erst nach einigen Wochen von der Leine, wenn er zuverlässig herankommt und „Sitz" und „Platz" beherrscht. Leider passiert es immer wieder, daß der vermeintlich eingewöhnte Hund wegläuft! Erst wenn der ältere Hund seine Übungen sicher ausführt, kann unter Ablenkung geübt werden, später im Straßenverkehr, denn er muß lernen, sich überall, auch in ungewohnter Umgebung, zu benehmen.

▶ Info

Üben Sie nie nach Schema F. Legen Sie sich nie auf bestimmte Zeiten oder Orte fest. Der Hund wird lernen, die Übungen damit zu verknüpfen, und tut sich zu anderer Zeit an anderem Ort schwer. Nehmen Sie sich täglich öfter ein paar Minuten Zeit, wann es Ihnen in den Sinn kommt, mit dem Hund etwas zu üben, aber nie in bestimmter Reihenfolge. Der Hund darf keine Routine bekommen und sein Programm abspulen. Er soll lernen, bestimmte Hörzeichen mit bestimmten Aufgaben zu verknüpfen, bis er sie automatisch durchführt, wenn Sie es wollen, nicht wenn das Umfeld in den Augen des Hundes stimmt.

Wenn möglich, schließen Sie sich einem Hundesportverein an. Dort werden in der Regel Übungskurse für die Grundbegriffe der Hundeerziehung angeboten. Hier nun die wichtigsten Gehorsamsregeln, die jeder Hund, ob groß oder klein, wenigstens beherrschen sollte, wenn er ein sicheres, fröhliches, freies Leben führen soll.

STUBENREINHEIT ▶ Überlegen Sie schon vor der Ankunft, wo sich der Hund künftig lösen soll. Soll es der Garten sein, schaffen Sie einen Löseplatz, den Sie mit Sand und Kies aufschütten. Sie können ihn besser sauber halten und ggf. erneuern als den gesamten Garten. Außerhalb des eigenen Grundstücks sollte der Löseplatz nicht zu weit entfernt sein, damit er zu jeder Tages- und Nachtzeit rasch zu erreichen ist. Er darf jedoch keine Mitmenschen stören. Welpen können noch nicht einhalten. Deshalb ist es wichtig, den kleinen Neuankömmling von der ersten Minute an im Auge zu haben. Er „muß" immer dann, wenn er gefressen hat, aufwacht, im Spiel plötzlich still innehält, sich im Kreise dreht oder unruhig wird. Jetzt heißt es schnell reagieren, ihn auf den Arm nehmen – vor Schreck vergißt er sein Vorhaben im Moment – und ihn auf den ihm zugedachten Löseplatz setzen. Es kann eine Weile dauern, bis er sich auf sein eigentliches Vorhaben besinnt, aber ist die erste Duftmarke gesetzt, wird es einfacher. Nun wird er tüchtig gelobt. Erwischt man ihn gerade auf frischer Tat, schimpfen Sie und bringen ihn rasch zum Löseplatz. War man unachtsam und das Malheur ist passiert, schimpfen Sie nicht, sondern entfernen es ohne Kommentar, und zwar geruchlos mit Hilfe von Essigwasser. Für den Welpen sind seine ureigenen Bedürfnisse keine Straftaten, er wird Ihren Zorn nicht mit seiner Tat verbinden. Er wird aber sehr wohl Ihren Unmut mit dem Entdecken des Häufchens verbinden und es das nächstemal vor Ihnen zu verstecken suchen. Niemals strafen Sie den Hund, wenn Sie auf seine Hinterlassenschaften stoßen. Er kann die Strafe nicht mit einer vergangenen Handlung verknüpfen. In Ihrem Zorn verwirren Sie den Hund und zerstören das aufkeimende Vertrauen zu Ihnen, das unter allen Umständen gehegt und gepflegt werden muß. Fehlverknüpfungen prägen den Hund für sein Leben und sind nur sehr schwer zu korrigieren und oft ein Grund, daß Hunde wieder abgeschoben werden. Füttern Sie die letzte Mahlzeit wenigstens vier Stunden vor dem Schlafengehen, so daß sich der Welpe noch einmal lösen kann und durchschläft. Verhindern Sie, daß er frei in der Wohnung herumläuft. Sonst gewöhnt er sich an ein Plätzchen, von dem Sie ihn dann mühsam abbringen müssen. Waren Sie stets aufmerksam, wird der Hund in wenigen Tagen stubenrein.

UNTERWERFUNG ▶ Dies ist die wichtigste Übung und Voraussetzung für ein hundelebenlanges angenehmes Zusammenleben. Sie fördert das Vertrauen des Hundes zu Ihnen. Die Übung muß täglich ins Spiel und in die Pflege einfließen, ohne daß der Hund sich dessen bewußt wird. Drehen Sie den Welpen im Spiel gelegentlich auf den Rücken und kraulen Bauch und Brust. Wehrt sich der Kleine, hält man ihn beharrlich fest, bis er sich entspannt. Der Hund muß sich jederzeit und in jeder Situation seinem Herrn ergeben. Ganz wichtig in Notsituationen, z. B. wenn sich der Hund verletzt hat. Beim Welpen ist das noch leicht, weil man ihm körperlich überlegen ist und er sich nicht so wehren kann, daß er uns weh tut. Schwierig wird es, wenn Sie einen erwachsenen Hund übernehmen, der sich Ihnen nicht so ohne weiteres ergeben möchte. Vielleicht ist es zu früh, er hat noch kein Vertrauen zu Ihnen, oder Sie haben es mit einem dominanten Burschen zu tun – dann stehen Probleme ins Haus! Suchen Sie unbedingt professionelle Hilfe, denn hier muß man, auf den Hund individuell abgestimmt, mit viel Hundeverstand vorgehen.

AUSLASSEN ▶ Der Hund muß stets freiwillig abgeben, was er gerade im Fang hat. Wann immer er sich mit einem Kauknochen oder Spielzeug beschäftigt, nehmen Sie es ihm mit dem Hörzeichen „Aus" sanft, aber bestimmt aus dem Fang. Drücken Sie dabei mit der Hand über dem Fang die Lefzen fest gegen die Zähne, das ist dem Hund unangenehm, und er öffnet den Fang. Er wird gelobt, belohnt und bekommt seinen Schatz sofort wieder. Er wird lernen, daß Abgeben nicht Verlust bedeutet. Diese Übung ist lebenswichtig, sollte der Hund etwas aufnehmen, das ihm schaden kann. Sie ist natürlich auch eine Unterordnungsübung, denn der Rudelführer kann stets jederzeit alles fordern. Der Hund wird Sie deshalb gut verstehen. Nutzen Sie auch hier die Gunst der Stunde, wenn der Hund ganz neu bei Ihnen und noch unsicher und unterordnungsbereit ist. Zeigen Sie keine Angst, aber wenn der Hund bedrohlich knurrt, lassen Sie es nicht auf einen Biß ankommen. Vielmehr überlegen Sie, wie Sie im gesamten Umgang mit dem Hund Ihre Rudelführung ausbauen und ihn unterordnen können.

HERANKOMMEN ▶ Wann immer Sie einen Leckerbissen, das Futter oder ein Spielchen anzubieten haben, hokken Sie sich hin und locken den Hund mit seinem Namen und dem Hörzeichen „Hier" heran. Herankommen muß immer eine besonders lohnende Angelegenheit sein. Nie in ärgerlichem Ton rufen oder ihn gar strafen, weil er sich Zeit gelassen hat! Er muß jedoch kommen und wird immer freudig belohnt. Am Anfang ruft man natürlich nicht gerade dann, wenn er sich mit etwas intensiv beschäftigt, von dem er sich nur ungern trennt. Durch jedes vergebliche Rufen lernt der Hund, daß er nicht zu kommen braucht! Erst wenn Sie sicher sind, daß der Hund das Kommando kennt, können Sie ihn testen und heranrufen, wenn er gerade abgelenkt ist. Wird er selbständiger und verschließt gern mal die Ohren, bewährt sich die lange Leine. Befestigen Sie ein Wäscheseil am Halsband und lassen es mitschleifen. Dies nur unter Aufsicht, damit sich der Hund nicht verheddern und verletzen kann. Rufen Sie nur einmal und bestehen darauf, daß er kommt. Der Hund soll nicht lernen, daß es genügt, auf das fünfte „Hier, Bobbi" zu warten. Kommt der Hund nicht auf Ihren Ruf, treten Sie auf die Leine und ziehen ihn mit kräftigem Ruck heran. Nicht ungehalten schimpfen, sondern nur heranbefördern und ihn ausgiebig loben! Das zuverlässige Herankommen auf Ruf in jeder Situation ist die wichtigste Übung überhaupt. Nur wenn Sie sicher sind, daß Ihr Hund sie beherrscht, haben Sie Ihren Hund unter Kontrolle. Das aber ist Voraussetzung für ein freies, glückliches Hundeleben, das sich nicht auf zwei Meter Leinenlänge beschränken muß. Das zuverlässige Herankommen hilft vielfach, das Leben des Hundes zu retten und seine Gesundheit zu schützen, ebenso wie Mitmenschen die Angst vorm Hund zu nehmen. Es muß Anliegen eines jeden Hundebesitzers sein, der Hundefeindlichkeit in der Öffentlichkeit mit einem wohlerzogenen Hund entgegenzutreten!

AN DER LEINE GEHEN ▶ Den Welpen lassen wir zunächst in der Wohnung mit nachschleifender Leine laufen, bis er sich daran gewöhnt. Gelegentlich nimmt man sie auf und lockt ihn in eine gewünschte Richtung – loben! Freudig sprechend und lockend, bringt man ihn allmählich an die linke Seite. Idealerweise geht der Hund an lockerer Leine mit Schulter in Knie-

höhe an unserer linken Seite. Bleibt er zurück, locken wir heran, zerrt er vor, wird er sanft, aber bestimmt mit dem energisch gesprochenen Wort „Fuß" an die richtige Stelle zurückgeholt, gelobt und belohnt. Den älteren Junghund holen wir mit einem kurzen, heftigen Ruck an die Seite zurück, wenn er ausbrechen möchte. Niemals lange anhaltend zerren lassen. Geht er richtig, wird gelobt und gelegentlich ein Leckerchen zugesteckt. Zieht ein Hund immer stark an der Leine und läßt sich nicht korrigieren, haben wir ein Rangordnungsproblem. Hier helfen weder Stachelband noch Gewalt. Sie müssen in den Augen des Hundes zum Rudelführer werden, dann folgt er Ihnen. Ist er Rudelführer, muß er instinktiv die Meute anführen!

Geht der Hund zuverlässig an der Leine bei Fuß, versucht man es an einem sicheren Ort ohne Leine und hält ihn lockend, mit ihm redend, dicht neben sich.

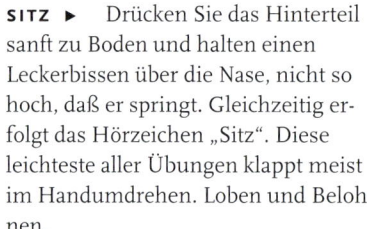

Brav sitzt er vor und erwartet freudig das Lob.

Leckerbissen nicht so hoch halten, daß der Hund danach springt.

SITZ ▶ Drücken Sie das Hinterteil sanft zu Boden und halten einen Leckerbissen über die Nase, nicht so hoch, daß er springt. Gleichzeitig erfolgt das Hörzeichen „Sitz". Diese leichteste aller Übungen klappt meist im Handumdrehen. Loben und Belohnen.

PLATZ ▶ Damit warten wir, bis der Welpe vier Monate alt ist. Beherrscht ein Hund das Kommando „Platz" sicher und zuverlässig, können wir ihn selbst auf Entfernung durch Zuruf dazu bringen, sich blitzschnell fallen zu lassen. Das hat in gefährlichen Situationen schon so manchem Hund das Leben gerettet. „Platz" wird deshalb immer wieder energisch geübt. Üben Sie, wenn der Hund müde ist und sich gerne hinlegt. Aus der „Sitz"-Haltung heraus werden die Vorderläufe sanft nach vorne weggezogen, begleitet von dem Wort „Platz". Halten Sie ihn einige Sekunden an der Schulter fest, bis er sich entspannt. Mit dem Wort „Auf" oder „Hier" oder „Fuß" – entscheiden Sie sich für eines – darf er wieder aufstehen. Später, wenn er „Platz" beherrscht, kommt das „Bleib" hinzu. Bei

Das Handzeichen bedeutet „Platz bleib".

Spielerische Einstimmung auf das „Platz bleib".

„Platz bleib" hat der Hund liegenzu-
bleiben, bis man ihn wieder abholt oder
abruft. Deshalb ist es wichtig, den
Hund nie ohne Kommando aufstehen
zu lassen, weil er die Dauer des Liegen-
bleibens nicht selbst bestimmen darf.
Entfernen Sie sich zunächst nur auf
Leinenlänge. Springt der Hund auf,
wird er stets zum Ausgangspunkt zu-
rückgebracht. Dauer und Entfernung
vom Hund werden allmählich ausge-
dehnt.

BRING ▶ Dies ist keine notwendige,
aber eine außerordentlich nützliche

Mit der Zeit wird der Abstand zum Hund größer.

Hunde transportieren mit dem Fang –
Welpen, Beute und Ersatzbeute: Spielzeug.
Die Lust am Heranbringen ist von Hund zu
Hund unterschiedlich.

Übung, die dem Hund, wenn er sie gut kann, viel Freude macht. Die meisten Hunde sind wild auf Bringspiele, denn die einzige Möglichkeit des Hundes, Gegenstände – z. B. ein erbeutetes Kaninchen heim in die Wurfhöhle – zu transportieren, ist, sie im Fang zu tragen. Apportieren liegt deshalb in der Natur des Hundes, beim einen mehr, beim anderen weniger ausgeprägt. Es ist auch eine gute Übung, die Führung über den Hund zu demonstrieren.

Hunde lernen, Pantoffeln und Zeitungen zu bringen oder Gegenstände aufzuheben, wenn man sich selbst nicht gut bücken kann. Sie lieben diese „kleinen Jobs", die ihnen Lob oder Leckerchen einbringen und ihnen selbst eine gewisse Bedeutung verleihen. Welpen lieben es zu spielen. Sie schleppen alle möglichen Dinge heran, die man für sie werfen soll. Achten Sie darauf, daß Sie nur dann mitspielen, wenn Ihnen der Welpe den Gegenstand in die Hand

Aufforderung hin irgend etwas bringen, wenn ihm dazu die Lust fehlt. Das aber ist schon wieder ein Ankratzen Ihrer Autorität, das Sie nie dulden dürfen. Wenn man es von Anfang an in kleinen Schritten richtig macht, vermeidet man viele Probleme. Werfen Sie den Ball oder sonstiges Spielzeug und lassen den Hund immer in Begleitung eines bestimmten Hörzeichens wie „Bring" oder „Hol's" loslaufen. Hat er es aufgenommen, ist es wichtig, daß Sie ihn mit überschwenglicher Begeisterung wieder zu sich zurücklocken und er nicht etwa damit in der Gegend rumtobt und schließlich ohne Beute zurückkommt. Es muß klar sein, daß es ein wunderbares gemeinsames Spiel mit Ihnen ist und Sie nicht seine „Ballwerfmaschine" sind. Dieses Spiel ist für die meisten Hunde die größte Belohnung bei allen Erziehungsübungen. Korrekt durchgeführt, schlägt man zwei Fliegen mit einer Klappe – Belohnungsspiel und gleichzeitiges Apportierenlernen.

UNARTEN ▶ sind leichter zu vermeiden als zu korrigieren! Lassen Sie sie deshalb gar nicht erst aufkommen.

ALLEINBLEIBEN ▶ ist für viele Hunde eine unerträgliche Qual, denn das entspricht nicht der Natur des Rudeltiers. Inbesondere bei Tierheimhunden sind Trennungsängste ein Problem. Es ergibt sich jedoch immer wieder, den Hund stundenweise zu Hause lassen zu müssen. Nichts ist schlimmer als ein Hund, der dann ununterbrochen weint und bellt oder gar die Wohnung auseinandernimmt! Gewöhnen Sie ihn deshalb systematisch von Anfang an daran. Zwingen Sie sich dazu, Türen

abgibt. Heben Sie ihn niemals selbst vom Boden auf. Es wird nachher ungeheuer schwierig, dem Hund das korrekte Apportieren beizubringen, und auf „Zwangsapport" wollen wir gern verzichten. Wichtig ist auch, daß Sie das Spiel beenden, wenn der Hund noch wild darauf ist. Wenn er Ihnen den Ball erst mal vor die Füße spuckt, weil er keine Lust mehr hat, dann haben Sie die Schlacht verloren, denn der Hund wird niemals unverzüglich auf Ihre

hinter sich zu schließen, damit Ihnen der Hund nicht auf Schritt und Tritt durch die Wohnung folgen kann. Ist er so richtig müde oder widmet sich einem neuen Kauknochen, schließen Sie die Tür und lassen ihn allein. Bleibt er ruhig, kommen Sie nach ein paar Minuten wieder, loben und belohnen ihn. Macht er Theater, gehen Sie keinesfalls zu ihm. Er hätte dann ja erreicht, was er wollte, und empfindet Ihr Zurückkommen, auch wenn Sie schimpfen, als Belohnung für sein Quengeln. Warten Sie wenigstens einige Sekunden, bis er mal gerade nicht wimmert, gehen dann hinein und loben. Dehnen Sie die Dauer Ihrer Abwesenheit aus, gewöhnen Sie den Hund dabei an bestimmte Worte: „Bleib schön da, ich komme wieder" oder ähnliches. Hat er begriffen und können Sie ziemlich sicher sein, daß er nicht weint, lassen Sie ihn mit den Begleitworten auch dann allein, wenn er lieber spielen oder ausgehen würde. Bleibt er brav allein im verschlossenen Zimmer, verlassen Sie das Haus. Denken Sie daran, dem feinen Hundeohr entgeht nichts! Er hört, ob Sie auf der Außentreppe stehenbleiben oder wirklich weggehen. Vielleicht hilft Ihnen ein Nachbar mit Handzei-

chen, erst dann zurückzukommen, wenn der Hund still ist. Es lohnt sich, den Ernstfall Alleinbleiben oft zu üben!

BETTELN ▸ Sorgen Sie dafür, daß der Hund, wenn Sie zu Tisch sitzen, auf „Platz bleib" in seinem Körbchen bleibt und dort einen Hundekuchen oder Kauknochen bekommt. Es ist deshalb nützlich, diese Dinge dem Hund nicht zur freien Verfügung herumliegen zu lassen, sondern sie, sobald der Hund sie liegenläßt, wegzuräumen. Er wird sich um so mehr freuen, wenn er sie wiederhaben darf. Das Verschwinden im Körbchen zur Essenszeit soll keine Strafe sein, sondern ein freudiges Ereignis. Dazu gehört, daß man ihn völlig ignoriert, wenn er sich für unser Essen interessiert. Gibt es einen leckeren Rest, machen Sie daraus eine Belohnung für ein erwünschtes Verhalten – am besten „Platz bleib" im Körbchen. Achten Sie darauf, daß Sie es ihm erst geben, wenn Sie Ihre Mahlzeit beendet haben. Auch das Füttern nach unserem Essen ist eine schöne Belohnung für eine gute „Platz-bleib"-Übung bei den Mahlzeiten! Wenn meine Hunde etwas haben wollten, führten sie sämtliche Übungen an einem Stück vor mir aus, für die sie jemals einen Leckerbissen bekamen – viel bequemer wäre gewesen, sie hätten sich demonstrativ auf ihren Platz begeben!

HOCHSPRINGEN ▸ Im Rudel begrüßt der kleine Wolf die erwachsenen Heimkehrer mit Mundstoßen und bringt sie dazu, Futter hervorzuwürgen (der Magen ist ein praktisches Transportmittel). Instinktiv versucht der Hund bei uns das gleiche, aber um unsere Mundwinkel zu belecken, muß

> ### ▸ Welpenübungen
>
> So ist es richtig: Bis zum vierten Monat wird nur geübt, aber kein Gehorsam verlangt. Das kleine Hundegehirn ist noch nicht soweit. Bringen Sie den Hund in die gewünschte Lage „Sitz" oder „Platz", loben und belohnen Sie. Er soll lediglich lernen, die Worte mit der Tat in Verbindung zu bringen.

er hochspringen. Zeigen Sie durch „Nhaa" Ihren Unwillen, beugen sich zum Hund, und erst wenn er auf allen vier Pfoten steht oder noch besser sitzt, wird er ausgiebig gelobt, begrüßt und durchaus mit einem Leckerchen belohnt. Springt er wieder hoch, drehen Sie sich einfach ab und übersehen ihn. Er wird lernen, daß Erfolg nur zu erwarten ist, wenn er artig sitzt! Dulden Sie aber auch sonst nie, daß der Hund an Ihnen hochspringt, auch wenn es reizt, ihn mal so richtig in den Arm zu nehmen und zu drücken. Er kann nicht unterscheiden, ob Sie „Hundeklamotten" oder den Sonntagsanzug tragen, und Ihre Unberechenbarkeit nicht begreifen!

TIP

Wenn Sie einen erwachsenen Hund übernehmen, dem es an Erziehung mangelt, fangen Sie mit ihm genauso geduldig und in kleinen Schritten an wie mit einem Welpen!

Reisegepäck für den Hund

- ☐ Impfpaß
- ☐ Schlafunterlage
- ☐ Halsband und Leine
- ☐ Futter- und Wassernapf
- ☐ Thermoskanne mit frischem Wasser
- ☐ Vorrat vom gewohnten Futter
- ☐ Kauknochen
- ☐ Lieblingsspielzeug
- ☐ Bürste, Kamm, Zeckenzange
- ☐ Handtücher, Papiertücher
- ☐ evtl. Medikamente
- ☐ Erste-Hilfe-Set (mit dem Tierarzt absprechen)

Diese Grundübungen sind die beste Voraussetzung für ein angenehmes Zusammenleben. Beherrscht der Hund sie zuverlässig, sind die wichtigsten Bande geknüpft. Es wird Ihnen immer wieder etwas Neues einfallen, das Sie dem Hund beibringen können, woran er Freude hat. Die Möglichkeiten sind unerschöpflich. Erst dieses intensive Sich-miteinander-Beschäftigen ist das wahre Glück der Mensch-Hund-Beziehung!

Das bedeutet, daß Sie das Gelernte immer wieder auffrischen und nicht glauben, daß einmal Gelerntes immer beherrscht wird! Sie wissen ja, Erziehung ist nicht nur, dem Hund beizubringen, gewisse Worte mit gewissen Tätigkeiten zu verknüpfen, bis er sie ganz automatisch ausführt, sondern die Festigung der Rudelzusammengehörigkeit. Dazu bedarf es keiner Auseinandersetzungen, sondern nur der Einhaltung gewisser Regeln – Regeln, die Sie setzen! Lassen Sie die Übungen ins tägliche Leben einfließen, z. B. durch Bringenlassen der Zeitung, eine „Platzbleib"-Übung beim Futterzubereiten in der Küche, „Sitz" vor der Haustür beim Anlegen von Halsband und Leine, zu Beginn des Spaziergangs usw.

Freizeitpartner Mischling

Freizeitpartner Mischling

Der Hund ist heute in der Regel ein Freizeitpartner des Menschen. Nur ein verschwindend kleiner Teil der Millionen von Hunden übt noch einen „Beruf" im Dienste des Menschen aus. Eine sinnvolle Freizeitgestaltung mit dem Hund macht Spaß und läßt uns die wundervolle Mensch-Hund-Beziehung so richtig genießen. Dazu gehören eine gute Verständigung zwischen Hund und Mensch, die über die Erziehung geregelt wird, sowie aktive Beschäftigung mit dem Hund an frischer Luft. Eine Ausnahme bilden die Hunde älterer oder behinderter Menschen, deren Möglichkeiten der Beschäftigung begrenzt sind.

Beobachten Sie Ihren Hund, in welchen Bereichen seine Stärken und Schwächen liegen, und wählen Sie entsprechend die Betätigung aus. Ob Fährtenhund oder Agility, es gibt für fast jeden Hund etwas Sinnvolles zu tun. Wichtig ist nur, daß Sie etwas mit dem Hund machen, und wenn es nur abwechslungsreiche Spaziergänge sind.

▶ Der Spaziergang

Hundehaltung bedeutet für viele Menschen, bei schönem Wetter mit dem Hund spazierenzugehen. Für Hund und Herrn nimmt der Spaziergang daher eine zentrale Stellung im Leben ein. Für beide ist er gesund, manchmal für den Menschen lebenswichtig, denn häufig wird ein Hund Herzinfarktpatienten empfohlen, die viel regelmäßig spazierengehen müssen. Auch ist Körperkontakt, z. B. Streicheln, mit dem Hund nachweislich streßabbauend. Der Spaziergang dient jedoch nicht nur der Bewegung und der körperlichen Auslastung, sondern bietet auch geistige Anregung und Kontakt mit Artgenossen. Eingeflochtene Gehorsamsübungen festigen das Verhältnis zum Herrn und dessen Überlegenheit als Rudelführer. Jeder Hund, ob Riese oder Winzling, braucht neue Eindrücke, die er verarbeiten kann. Für den Hund ist die gemeinsame „Jagd" mit seinem vertrautesten Rudelgenossen der Höhepunkt des Tages. Je nach Hundetyp ist das Laufbedürfnis sehr unterschiedlich ausgeprägt, aber spazieren gehen alle Hunde gern. Die meisten Hunde geraten außer sich vor Freude, wenn man nur die entsprechende Kleidung und Schuhe anzieht, allein das Wort „ausgehen" wispert oder die Leine scharf anblickt!

Der gemeinsame Spaziergang ist ein Höhepunkt des Tages für jeden Hund.

Wenn auch viele Hunde körperlich nicht mehr in der Lage dazu sind, so sind sie doch geistig noch Laufraubtiere. Die Jagd ist für sie Lebenserhaltung, ein Urelement, das man ebensowenig wegzüchten kann wie Hunger oder Müdigkeit. Natürlich wurde dieser Jagdinstinkt in geregelte Bahnen gelenkt, und er läßt sich auch durch Prägung und Erziehung den Bedürfnissen des Menschen anpassen. Bei manchen Rassen wurden die praktischen Fähigkeiten zur Jagd sogar ganz unterdrückt. Aber der gemeinsame Spaziergang ist für den Hund tief in seinem Innern der gemeinsame Jagdausflug zur Futterversorgung, zum Erhalt des Rudels, auch wenn es ihm nicht mehr bewußt ist.

Gehen Sie vor dem Füttern mit dem Hund, damit er anschließend genug Ruhe zum Fressen und Verdauen hat.

TIP
Deshalb bieten Sie Ihrem Hund nur ja keine trägen Ausgänge an der Leine rund um den Block, nicht jeden Tag die gleiche Tour. Damit schaden Sie Muskulatur und Knochenbau, zumindest bei größeren Hunden, denn die Gangart des Hundes ist dem Gehen des Menschen nicht angepaßt.

Um dem Hund die gewünschte Freiheit zu gewähren, muß er absolut zuverlässig gehorchen. Es ist wichtig, zu Beginn

Das gemeinsame Spiel ist ganz wichtig für die Mensch-Hund-Beziehung. Zerrspiele sollte ein großer, ansatzweise dominanter Hund nie gewinnen!

des Spaziergangs Disziplin zu verlangen, sonst tobt der Hund von der Haustür an herum und ist kaum zu halten, bis er endlich freigelassen wird. Auch wenn keine Verkehrsgefahr besteht, hat der Hund immer ordentlich bei Fuß das Haus zu verlassen. Denken Sie daran, jede kleine Übung, jedes Verlangen von Disziplin festigt das Verhältnis und Vertrauen zu Ihrem Hund. Es gibt Ihnen ständig Möglichkeiten, den Hund für gutes Verhalten zu loben und zu belohnen, was er sehr genießt! Ihre Bequemlichkeit muß der intensiven Beschäftigung mit dem Hund weichen.

Beginnen Sie mit einigen Gehorsamsübungen, und entlassen Sie den Hund zur Belohnung mit dem erlösenden Wort „Lauf!" in seine erste wilde Toberunde. Diesen Zeitpunkt bestimmen immer Sie und nie der Hund, weil

nur Sie abschätzen können, ob Gefahr für den Hund oder Mitmenschen besteht. Am Ende des Spaziergangs locken Sie den Hund im Spiel heran, toben noch ein wenig mit ihm, leinen ihn ohne Aufhebens an und belohnen mit einem Leckerchen. Wird das Herankommen mit Anleinen und Ab-

führen „bestraft", kann es das nächstemal schon schwieriger werden, den Hund dazu zu bringen, zügig heranzukommen. Hunde sind so clever, sie wissen genau, wann Sie den Heimweg antreten wollen!

Auf längere Ausgänge nehmen Sie bitte eine Flasche Wasser und einen Napf mit, damit der Hund zwischendurch trinken kann und sich nicht aus Pfützen oder Rinnsalen am Wegesrand bedient. Man weiß nie, welche Chemikalien von den Wiesen und Äckern sich gerade in solchen Pfützen sammeln und dem Hund schwer schaden können.

Kommen Sie bei Ausgängen durch bewohnte Straßen, nehmen Sie stets eine Plastiktüte und ein Schäufelchen mit (praktische und hygienische Geräte bekommen Sie im Zoofachhandel), falls Ihr Hund ein Häufchen macht. Selbst Hundefreunde lieben es nicht, in Hundehaufen zu treten! Einfache Butterbrotbeutel, die man leicht in jede Tasche stecken kann, tun es auch. Über

die Hand stülpen, Häufchen greifen, Tüte drüber, zuknoten und so in den Abfalleimer. Einige Städte bieten sogar den Service Hundeklo an. Achten Sie bitte darauf, Hunde angeleint zu führen, wo dies erwünscht ist – auf Liegewiesen, Spielplätzen, in öffentlichen Parks, Naturschutzgebieten usw. Bleiben Sie im Wald auf den Wegen, um das Wild nicht unnötig zu stören. Besonders im Winter kann dieses den Energiebedarf nicht decken, wenn es immer wieder aufgescheucht wird. Vor allem halten Sie den Hund stets in Rufnähe auf den Wegen, da leider viel zu häufig streunende Hunde von Jagdhütern, des Wilderns bezichtigt, erschossen werden. Das Gegenteil kann der Hundebesitzer meist nie beweisen und hat bei einem Rechtsstreit wenig Aussicht auf Erfolg. Abgesehen davon, daß es den Hund nicht mehr lebendig macht! Sorgen Sie dafür, daß Ihr Hund keinen Anlaß zu Klagen gibt und die traurige Hundefeindlichkeit unserer Zeit nicht noch schürt.

▶ Hundebegegnungen

Wer mit seinem Hund spazierengeht, kommt zwangsläufig mit anderen Hunden und Hundebesitzern in Kontakt. Das ist ein wesentlicher Bestandteil des Spaziergangs. Leider wird dieser für viele Menschen kein Vergnügen, weil der Hund rauft. Sehr oft entwickelt sich dieses Problem für Menschen, die einen erwachsenen Hund aus dem Tierheim holen und sich erst an sein Hundeverhalten herantasten. Deshalb räumen wir dem Thema Hundebegegnung besonderen Raum ein. Hunde brauchen Kontakt mit Artgenossen, um den Umgang miteinander zu lernen. Kann ein Hund das nicht, entwickelt er sich zum Raufer. Nichts ist unangenehmer als ein rauflustiger Vierbeiner, und mag er noch so klein sein. Die Zwerge sind sich selten ihrer körperlichen Unterlegenheit bewußt und legen erstaunliches Selbstbewußtsein an den Tag. Meist haben sie das

Glück, von einem normal veranlagten großen Hund nicht ernst genommen zu werden, doch darauf verlassen kann man sich nicht. Das Spazierengehen mit einem Raufer wird zur Qual, letztlich will sich niemand mehr für das Gassigehen opfern, und der arme Vierbeiner verkümmert im häuslichen Garten.

Landläufig heißt es, Welpen haben Narrenfreiheit, einem Welpen tut ein erwachsener Hund nichts. Das ist richtig und falsch zugleich. Rüden sind in der Regel außerordentlich geduldig, während Hündinnen, je nachdem ob ihre Instinkte noch intakt sind oder nicht, durchaus aggressiv werden können. Sie halten ihr Revier von fremder Nachzucht frei, da sie Nahrungskonkurrenz für die eigenen Nachkommen sein könnte. Es kommt deshalb immer auf den Ort und die Situation an. Einen Welpen gedankenlos frei laufen zu lassen, kann zu bösen Erfahrungen

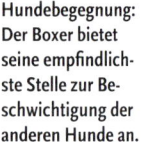

Hundebegegnung: Der Boxer bietet seine empfindlichste Stelle zur Beschwichtigung der anderen Hunde an.

führen, die den Kleinen für den Rest seines Lebens prägen.

Ideal wäre es, sich mit anderen Hundebesitzern der Nachbarschaft zu gemeinsamen Ausgängen zu treffen, damit die Hunde spielen und Verhaltensregeln lernen können. Kleinhundbesitzer sollten andere Kleinhunde vorziehen, da ein großer Hund im ungestümen Spiel einen kleinen verletzen kann. Hunde ziehen den Umgang mit Artgenossen immer dem mit dem Menschen vor. Gehen Sie nicht zu oft in der Gruppe, denn Ihr Hund soll sich in erster Linie Ihnen anschließen. Das heißt, Gruppenausflüge gezielt einplanen, und nicht sich nur gemütlich auf eine Bank setzen und die Hunde spielen lassen!

Treffen Sie unterwegs auf fremde Hunde, bleiben Sie ruhig, locken den Hund mit seinem Bällchen heran und leinen ihn an. Zeigen Sie Aufregung, wird der Hund bald an Ihrer Haltung und Stimme erkennen, daß da was los sein könnte, und das Anleinen könnte schwieriger werden. Fragen Sie den anderen Besitzer, ob sein Hund friedlich ist. Dann erlauben Sie eine Schnüffelrunde, und weiter geht's. Lassen Sie den Hund nicht mit jedem Hund spielen und toben, der Ihnen begegnet. Ein Hund muß sich jederzeit diszipliniert verhalten und darf nicht vor Begeiste-

Zwei Hunde begegnen sich, sie verhalten sich neutral, neugierig und interessiert.

Eine Hundebegegnung

Die gezeigten Abläufe, wie sich Hunde bei einer Begegnung verhalten und was daraus entstehen kann, sind natürlich nur Anhaltspunkte bei normal veranlagten Hunden mit gutem Sozialverhalten. Hält sich einer der Hunde nicht an die hündlichen Regeln, kommt es u. U. zu bösen Raufereien.

Spielaufforderung: Es droht keine Gefahr, man kann die Hunde von der Leine lassen.

Hier heißt es Vorsicht: Die beiden sich gleich stark fühlenden Hunde fixieren einander, ziehen die Nase kraus, knurren vielleicht, die steife Haltung und das gesträubte Nackenfell deuten auf eine nahe Auseinandersetzung hin. Jetzt heißt es „Fuß"! und sich vom anderen Hund zügig entfernen.

Wenn beide Hunde nicht an der Leine sind, kommt es zunächst zur gegenseitigen Kontrolle der Analregion; danach entscheidet sich der weitere Ablauf der Begegnung.

Beide Hunde fixieren einander, der Unsichere zeigt deutlich seine Unterlegenheit und wird wahrscheinlich im nächsten Augenblick davonrennen. Der Überlegene zeigt ebenso deutlich seine Dominanz durch steife Haltung, nach vorne gerichtete Ohren, aufgestelltes Nackenfell und hoch erhobene Rute.

Die beiden gehen auseinander und tun so, als ob sie sich nicht sehen könnten.

Der dominante Hund kann sich blitzschnell auf den Unterlegenen stürzen, und wenn beide ein gesundes Sozialempfinden besitzen, kommt es nicht zu Blutvergießen, wenn auch die Szene für den Laien furchterregend erscheint. Der Kampf dauert nur wenige Sekunden, bis sich der Unterlegene vollkommen ergibt, was den Überlegenen besänftigt.

Bei gleich starken Hunden kommt es zum ernsthaften Kampf. Hier kann durchaus Blut fließen, und eine Wunde muß genäht werden, doch bei normal veranlagten Hunden gibt es in der Regel keine lebensgefährlichen Verletzungen. Auch dieser Kampf endet, indem sich der Unterlegene auf den Rücken wirft und sich dem Überlegenen vollkommen ergibt.

Nach jeder Auseinandersetzung muß der Sieger unbedingt markieren, was für den Unterlegenen bedeutet, daß er sich entfernen kann.

rung außer sich geraten, weil am Horizont ein Hund als möglicher Spielpartner auftaucht!

Zeigen die Hunde Aggression durch steifen Gang, gesträubtes Nackenfell, steif hochgestellte Rute, oder gar aufgezogene Lefzen und tiefes Grollen an, heißt es „Nhaa! – Bei Fuß!", und zügig weitergehen. Verlangen Sie stets vom

Hund ein paar Gehorsamsübungen. Das festigt Ihre Stellung als Rudelführer und lenkt den Hund ab. Zerren an der Leine, Schimpfen, Schlagen – das alles nützt nichts, sondern heizt die Stimmung noch an; ganz besonders dann, wenn Ihnen – der für Hunde deutlich riechbare – Angstschweiß auf der Stirn steht! Der Hund erkennt jede kleinste Gemütsbewegung – gehen Sie gelassen aus einer kritischen Hundebegegnung heraus, zuckt letztlich auch Ihr Hund nur mit den Achseln.

Kommt es dennoch zu einer Rauferei, so hört sich das meist sehr viel schlimmer an, als es ist. Bei normalen, instinktsicheren Hunden kommt es bei einer Begegnung auf neutralem Boden selten zu Blutvergießen. Also nicht gleich in Panik geraten und vor allen Dingen – nie dazwischengehen! Nehmen Sie sich die Zeit und verständigen sich mit dem Besitzer des anderen Hundes darauf, daß sie gleichzeitig jeder den eigenen Hund an Rute und Hinterläufen fassen und hochheben. Die Streithähne lassen meist unverzüglich voneinander ab, sobald sie keinen festen Boden mehr unter den vier Pfoten haben. Wichtig ist natürlich, daß beide Hundebesitzer zugreifen, denn einer allein bringt seinen Hund in eine mißliche Lage, die die Situation nur noch verschlimmert. Bei einer solchen Aktion riskiert man durchaus, vom eigenen in Rage geratenen Hund gebissen zu werden! Die aufgeregten Hunde bringt man so schnell wie möglich voneinander weg und lenkt sie mit den üblichen Gehorsamsregeln „Fuß", „Sitz" und „Platz" ab, bis sich die Gemüter beruhigt haben. Untersuchen Sie Ihren Hund anschließend gründlich nach Verletzungen, die sich im Fell verborgen halten und unbeachtet entzünden könnten.

Aber grau ist alle Theorie – ein Hundekampf ist für den Unerfahrenen immer ein schreckliches Erlebnis. Solche unerfreulichen Auseinandersetzungen sind deshalb unbedingt zu vermeiden, einmal, indem man den Junghund

schon an den Umgang mit Artgenossen gewöhnt, und zum anderen, indem der Hund so zuverlässig gehorcht, daß man ihn rechtzeitig abrufen kann. Der Umgang mit Artgenossen ist leider in unserer heutigen Zeit, in der viele Menschen Hunde halten, die es lieber lassen sollten, in der viele Hunde falsch erzogen werden oder angeborene Macken haben, gar nicht so einfach. Es gehört schon ein wenig Fingerspitzengefühl dazu, den Junghund nicht als Kaspar Hauser, fern von Artgenossen, aufwachsen zu lassen und ihn dennoch vor verhaltensgestörten Hunden zu schützen.

DAS RAUFEN ABGEWÖHNEN ▶ Sie wissen meist nicht, warum ein Hund beim Anblick fremder Hunde aggressiv wird. Er könnte als Welpe schlechte Erfahrungen gemacht haben, oft reagiert er bestimmten Hundetypen gegenüber, oder er wurde zu früh von Mutter und Geschwistern getrennt und konnte Hundeverhalten nicht lernen. In jedem Fall sollten Sie versuchen, den Hund wieder so zu sozialisieren, daß er unbefangen mit fremden Hunden umgehen kann.

Die Lösung besteht dann nicht darin, ihn von anderen Hunden fernzuhalten, sondern ihm die Chance zu geben, sich mit anderen Hunden auf positive Weise zu verständigen. Beschaffen Sie einen geeigneten Maulkorb im Zoofachhandel, und lassen Sie Ihren Hund mit anderen Hunden zusammen. Selbstverständlich wählt man dafür Hunde, die ohne Leine nicht aggressiv sind. Der Maulkorb schlägt zwei Fliegen mit einer Klappe. Der Hundebesitzer ist ruhig und entspannt, weil er weiß, daß sein Hund keinen Schaden

**Hunde lieben Rauf-
spiele.**

anrichten kann. Der Hund spürt das und hat selbst weniger Anlaß, aggressiv zu reagieren. Da der gehorsame Hund ohne Leine und der noch nicht zuverlässig gehorchende an lockerer, langer Leine ist, fehlen ihm Sicherheit und Rückhalt seines Rudelführers. Vielen vergeht dann schon die Lust zu dreistem Verhalten. Der Besitzer bleibt abseits stehen, wirkt nicht auf den Hund ein und spricht nicht mit ihm. Beginnt der Hund aggressiv zu reagieren, dreht man ab und geht in die entgegengesetzte Richtung davon. Der Hund erkennt sehr schnell, daß es ohne seine Meute im Rücken nicht lohnt, sich aggressiv zu verhalten. Hat der Hund gelernt, sich mit Maulkorb ordentlich zu benehmen, ist der nächste Schritt beim angeleinten Hund, die Leine lang zu lassen, sobald sich ein fremder Hund nähert. Fängt er an, Theater zu machen, kehrt man um und geht davon. Die meisten Hunde er-

kennen sofort, daß diskreter Rückzug und dem Herrn zu folgen klüger ist, als ohne ihn die Situation meistern zu müssen. Alle Hunde ziehen es vor, miteinander zu spielen!

Das schließt natürlich keine persönlichen Feindschaften zwischen einzelnen Hunden aus. Hündinnen können da sehr viel hartnäckiger sein als Rüden, bei denen eine gewisse Schau mit Imponiergehabe dazu gehört. Wenn die oben beschriebene Maßnahme gar nicht hilft, muß man solche Begegnungen möglichst vermeiden. Sehen Sie diesen bestimmten Hund von weitem, beginnen Sie sofort mit Gehorsamsübungen, die den Hund ablenken und verlangen Disziplin. Sie wollen nicht, daß gerauft wird – dann wird auch nicht gerauft!

Allmählich lernt der Hund, sich mit anderen Hunden zu verständigen, und gleichzeitig, sich auf seinen Herrn als Rudelführer zu verlassen. Daraus entwickelt er Selbstvertrauen und findet es nicht mehr nötig, in die Verteidigung zu gehen und eine Schau abzuziehen.

WILDERN ▶   Je nach mehr oder weniger ausgeprägtem Hetztrieb eines Hundes kann das Wildern zum Problem für den Hundehalter werden. Ein wildernder Hund ist nicht nur dem Jagdhüter ein Dorn im Auge, weil er Wild stört oder gar tötet, sondern er gefährdet sich und andere, wenn die Hatz über befahrene Straßen führt. Für Menschen, die in wildreichem Gebiet wohnen und kein sicher eingezäuntes Grundstück besitzen, ist die Auswahl eines Hundes mit möglichst geringem Hetztrieb von entscheidender Bedeutung. Dennoch sollte man einen Hund nie unbeaufsichtigt allein frei laufen lassen. Ich habe es erlebt, daß sich die im Dorf abends freigelassenen Hofhunde zu regelrechten Jagdgesellschaften zusammentaten, was zunächst niemandem auffiel. In regelmäßigen Abständen lauerte man dann den Hunden auf und erschoß sie! Das ideale freie Gelände, auf dem keine Wildspur zu finden ist, gibt es wohl kaum. Deshalb wird man sich mit jagdeifrigen Hunden immer schwertun! Ihr Hetztrieb ist stärker als jeder Gehorsam, sobald er gereizt wird. Viele können bei ent-

Bobi – Findelkind aus Israel. Pariahunde – in der Nähe des Menschen lebende, doch völlig auf sich gestellte Hunde – gibt es im Nahen und Fernen Osten.

sprechender Kenntnis dazu erzogen werden, auf Pfiff sofort zurückzukommen. Dennoch muß man sie stets im Auge behalten. Hierbei muß es sich nicht unbedingt um Jagdhundmischlinge handeln.

Hütehunde besitzen ebenfalls einen ausgeprägten Jagdtrieb, da das Hüteverhalten aus der natürlichen Veranlagung des ursprünglichen Umkreisens der Beutetiere, des Absonderns der Opfer usw. heraus spezialisiert wurde. Sie sind allerdings stark menschbezogen und leicht erziehbar. Gemischt mit einer weniger anhänglichen Persönlichkeit, wie z. B. dem Husky, neigen sie besonders zum Wildern, wenn sie unbeaufsichtigt sind oder mehrere Hunde zusammenkommen. Eine Meute verhält sich stets anders als ein Einzelhund. Hat ein Hund erst einmal eine Spur aufgenommen und eine gewisse Entfernung zurückgelegt, läßt er sich nur schwer zurückrufen. Das gilt um so mehr bei mehreren Hunden.

Führen Sie deshalb den jungen Hund auf seinen ersten ausgedehnten Spaziergängen an langer Leine auf Waldwegen. Bemerken Sie, daß er sich für eine Wildfährte interessiert: "Pfui!" und zum Spiel heranrufen. Noch läßt sich der Hund leicht ablenken. Bleibt er hartnäckig auf der Spur, folgt ein heftiger Leinenruck. Immer wenn der Hund die interessante Fährte verläßt, wird er ordentlich gelobt und sofort harsch "Pfui!" gerufen, wenn er sich ihr wieder zuwendet. Der Hund darf erst von der Leine gelassen werden, wenn der nächste Wildwechsel weit genug entfernt ist und der Hund zuverlässig gehorcht. Das erfordert Konzentration.

Unterhalten Sie sich mit anderen Spaziergängern, leinen Sie den Hund an, denn er bemerkt Ihre Unaufmerksamkeit sofort und nutzt die Gelegenheit, eigene Wege zu gehen. Erst wenn man sich beim erwachsenen Hund auf seinen Gehorsam verlassen kann, insbesondere auf das "Platz bleib" auf größere Entfernung hin, kann man ruhig und entspannt spazierengehen. Erst dann macht es richtig Spaß. Bis dahin allerdings kostet es bei manchen Hunden ein ganzes Stück Arbeit, oft verbunden mit Frust und Ärger, aber es lohnt sich, diese Zeit durchzustehen. Es gibt nichts Schöneres, als mit einem wohlerzogenen Hund die Natur zu erkunden. Er zeigt einem vieles am Wegesrand, das man ohne die scharfen Sinne des Hundes nie bemerkt hätte.

▶ **Sportliche Aktivitäten**

RADFAHREN ▶ Insbesondere bei größeren, nicht ausgesprochen kurzläufigen Hunden kann man den benötigten Bewegungsbedarf eigentlich nur mit dem Fahrrad decken.

▶ **Info**

Von einem Deutschen Schäferhund z.B. erwartet man bei der Ausdauerprüfung, zwanzig Kilometer bei einer Geschwindigkeit von 15 bis 20 km/h ohne Ermüdungserscheinungen, wunde Pfoten, Lahmheiten usw. neben dem Rad zu traben.

Langsam wird der
Hund an längere
Strecken herantrai-
niert.

Haben Sie Gelegenheit, einen Hütehund bei der Arbeit zu beobachten, so
scheinen, im Tagesablauf gesehen, die
zwanzig Kilometer beinahe lächerlich.

Das Fahrradtraining beginnt man
frühestens mit dem ausgewachsenen
Hund nach einer gründlichen tierärztlichen Untersuchung, insbesondere der
Herz-Lungen-Funktion. Man schiebt
zunächst das Rad mit dem angeleinten
Hund neben sich her, damit er sich an
das Gerät gewöhnt. Hunde gehen immer rechts, dem Verkehr abgewandt,
am Rad. Ist Ihr Hund ein geübter
„Links-bei-Fuß-Geher", üben Sie das
Rechtsgehen erst, wenn er sich ans Rad

gewöhnt hat, um ihn nicht zu verwirren. Läuft der Hund vor das Rad, fahren
Sie ihn damit sanft an, damit er lernt,
daß das unangenehm und absolut tabu
für ihn ist. Solange Sie es noch schieben, kann er sich nicht verletzen.
Klappt das, nehmen Sie das Rad zwischen sich und den Hund.

Erst wenn er sicher an lockerer Leine neben dem Rad geht, können Sie
aufsteigen und langsam losfahren. Dabei geben Sie dem Hund das Hörzeichen „Rad", und nicht „Fuß", das würde ihn wieder an die linke Seite bringen! Üben Sie an ruhigen Plätzen, bis
Sie sicher sind. Danach gewöhnen Sie

ihn an Straßenverkehr, Passanten usw. Sprechen Sie mit dem Hund, er muß sich auf Sie konzentrieren, Abzweige mitgehen, er darf nicht zerren oder plötzlich stehenbleiben. Katzen und Hunde müssen für ihn ebenfalls tabu sein. Das erfordert am Anfang hohe Konzentration. Beenden Sie die täglichen Übungseinheiten mit viel Lob und einer Spielrunde.

TIP

Halten Sie die Leine stets locker in der Hand, und wickeln Sie sie nie um Handgelenk oder Lenker. In einer Notsituation müssen Sie die Leine sofort loslassen können, um schwere Stürze zu vermeiden.

Klugerweise beginnen Sie das Radfahren nicht mit dem vor Temperament und Lauffreude überschäumenden Hund, sondern nach einem ausgedehnten Spaziergang. Er sollte sich lösen können, und der erste Übermut muß verraucht sein. Die Übungsstrecken sind anfangs nur kurz, bis sich Muskeln, Bänder, Sehnen und Pfotenballen an die neue Belastung gewöhnt haben. Auf Asphalt läuft sich der Hund rasch die Pfoten wund. Ganz allmählich verlängern Sie die Strecke. Es dauert Monate, ehe ein Hund so weit in Kondition ist, daß er zwanzig Kilometer, ohne zu ermüden, traben kann. Auch dem erfahrenen Radhund gewähren Sie erst den Freilauf mit Toberunde, Gelegenheit zum Schnuppern, Spielen und Lösen. Vor allen Dingen dürfen Sie nie die einleitenden Gehorsamsübungen vergessen.

Der Hund bewegt sich stets im gestreckten, nicht überhasteten Trab. Erzwungener Galopp auf längerer Strecke

schadet Herz und Knochen. Zwischendurch gönnen Sie dem Hund immer wieder Spiel-, Löse-und Erholungspausen. Sie sollen ja keine Rekorde brechen, denn das Radfahren dient nur Ihrer persönlichen Bequemlichkeit, damit Sie all die Kilometer nicht zu Fuß gehen müssen! Auch kleinere Hunde lieben Radtouren, jedoch sollten sie sich nach Bedarf im Körbchen am Rad ausruhen können. Selbstverständlich müssen die Strecken so gewählt werden, daß sich der Hund nie überanstrengt.

Wenn Sie Ihren Hund in der Schönwetterzeit ordentlich trainiert haben, im Winter aber nicht fahren möchten, sollten Sie den Hund zum Herbst hin allmählich auf die Ruhezeit vorbereiten und den Trainingsumfang abbauen, ebenso im Frühjahr wieder allmählich aufbauen.

Für längere Radtouren gilt, die heißen Stunden am Tag zu meiden und immer Frischwasser mitzuführen.

REITEN ▶ Für viele Pferdebesitzer gibt es nichts Schöneres, als den Hund auf Ausritte mitzunehmen. Anders als beim Rad, wird der Hund nicht an der Leine geführt. Das setzt voraus, daß der Hund zuverlässig gehorcht und keine Neigung zum Stromern und Wildern hat. Er sollte körperlich geeignet sein, dem Pferdetrab mühelos über längere Strecken zu folgen. Das Pferd darf keinesfalls nervös und übersensibel sein. Beide müssen allmählich aneinander gewöhnt werden. Das macht man am besten zu zweit, einer führt das Pferd, der andere konzentriert sich auf den Hund. Weder Hund noch Pferd dürfen miteinander schlechte Erfahrungen machen, wenn ein Team heranwachsen

Pferdebegleithund: Vor dem ersten gemeinsamen Ausritt müssen Hund und Pferd miteinander vertraut werden.

soll, das Freude am gemeinsamen Ausritt hat. Geht der Hund zuverlässig bei Fuß neben Herrn und Pferd her, kann man aufsitzen. Zunächst übt man in ruhigem Gelände, bis alles gut klappt. Erst dann kann man sich, immer noch mit Hilfe einer Begleitperson, in belebteres Gebiet wagen. Straßenverkehr sollte man möglichst meiden. Die Si-

cherheit des Reiters und der Passanten muß stets gewährleistet sein.

SCHWIMMEN ▶   Für die Entwicklung der Muskulatur und des gesamten Bewegungsablaufs ist Schwimmen das Beste, was Sie Ihrem Hund bieten können. Vorausgesetzt, daß das Gewässer sauber genug ist. Stöckchenspielen im

Wasser macht Riesenspaß und ist gesund. Mit dem Schwimmen sollte man nicht vor dem sechsten Monat beginnen. Die meisten Hunde sind begeisterte Schwimmer, manche allerdings bedürfen einiger Hilfestellung. Zum Üben eignet sich ein flacher Badesee außerhalb der Badesaison. Man rollt sein Bällchen in die Flachwasserzone, später wirft man es ins tiefere Wasser. Scheut sich der Hund nachzuschwimmen, lockt man ihn von einer Luftmatratze aus ins Wasser. Irgendwann wird sein Trieb zu folgen so groß, daß er seine Wasserscheu überwindet. Vorsicht! Manche Hunde versuchen, während des gemeinsamen Schwimmens ihrem Menschen auf den Rücken zu klettern. Sie fügen nicht nur schmerzhafte Kratzer zu, sondern können einen ungeübten Schwimmer ernsthaft in Gefahr bringen. Also zunächst nicht allein mit dem Hund ins Wasser gehen! Warum Hunde das tun, konnte mir bisher noch niemand verraten. Tatsächlich ist mein Vater bei einer solchen Aktion mit unserer Colliehündin fast ertrunken! Die meisten Hunde sind nach dem ersten Schütteln schon ziemlich trocken. Wenn sie sich anschließend noch einige Zeit trockenlaufen können, schadet das auch bei Temperaturen bis null Grad nicht. Der feuchte Hund soll in Bewegung bleiben und zu Hause tüchtig mit einem Frottiertuch abgerubbelt und gründlich getrocknet werden. Niemals aber den feuchten Hund an kühlen Plätzen ruhen lassen, das führt zu Nierenerkrankungen und Rheumatismus.

FRISBEE ▶ Über Whippet Ashley, den ersten berühmten amerikanischen Frisbee-Rekordspringer, berichtete die gesamte Weltpresse. Nach speziellen Hunde-Frisbee-Wurfscheiben aus Pla-

Schwimmen ist auch für Hunde eine sehr gesunde Bewegungsmöglichkeit.

stik oder Tuch, die im Zoohandel zu bekommen sind, springen kleine und
große Vierbeiner um die Wette, je
höher, desto besser. Ob diesen Hochlei-
stungssport Gelenke und Sehnen der
kühnen Springer auf Dauer aushalten,
ist fraglich. Doch hin und wieder ein
fröhliches Frisbee-Spiel macht jedem
Vierbeiner Spaß, vorausgesetzt, der
Zweibeiner kann richtig werfen! Es ist
gar nicht so einfach, die Scheibe zum
senkrechten Himmelflug zu bringen.
Aber es muß ja nicht jedes Vergnügen
gleich zum Wettkampf ausarten. Nicht
ganz so hoch, dafür lieber weit, verschafft dem Hund Bewegung und schadet nicht. Das Spiel mit der Frisbee-
Scheibe ist besonders für Hundebesitzer vorteilhaft, die selbst körperlich
nicht ganz so fit sind, um dem Hund
den nötigen Auslauf zu verschaffen.

AGILITY ▶   Die witzige Idee eines
Veranstalters, als Pausenspaß bei Reit-
turnieren Hunde über die Hindernisse
zu schicken, war ein solcher Erfolg, daß
die Hunde bald eigene, kleinere, dem
Springparcours nachempfundene Hindernisse bekamen und in den Pausen
sogar Turniere durchführten. Daraus
entwickelte sich sehr schnell und über-
aus erfolgreich der Agility-("Behendig-
keits"-)Sport, der inzwischen weltweit
so beliebt ist, daß sogar internationale
Meisterschaften ausgetragen werden.

    Agility ähnelt nur auf den ersten
Blick dem Hunde-Turniersport. Wie bei
den Pferden, stehen die Hindernisse
bei jedem Turnier an anderer Stelle, so
daß der Hund nicht einfach losjagen
kann. Er darf die Hindernisse nur auf
Anweisung seines Führers, der natürlich mitlaufen muß, überwinden. Das
setzt zuverlässigen Gehorsam und opti-

**Elegant setzt der schöne Hund über die klei-
ne Hürde.**

male Zusammenarbeit voraus. Ein idealer Agility-Hund sollte mehrere Voraussetzungen erfüllen: Er muß körperlich fit und beweglich sein, schnell laufen und gut springen können, dabei anhänglich und führig, gehorsam und doch temperamentvoll verspielt sein, um Freude an der Sache zu haben. Er darf kein Stürmer sein, sondern muß präzise arbeiten. Nicht der schnellste Hund ist der beste, sondern der schnellste, der die wenigsten Fehler macht. Damit die Hunde möglichst geringer Verletzungsgefahr ausgesetzt sind, müssen die Hindernisse nach genauen Regeln genommen werden. Laufhindernisse dürfen nicht übersprungen werden, sondern der Hund muß zu seiner eigenen Sicherheit die vorgegebenen Berührungszonen betreten, sonst gibt es Strafzeiten. Reine Gehorsamsübungen wie das „Platz bleib" auf einem Tisch gehören ebenso dazu, wie das Durchlaufen flexibler Tunnelschläuche und der Slalom. Im Gegensatz zum Turniersport muß sich der Hund allein zwischen den zwölf Stäben, die im Abstand von 50 cm gesteckt sind, durchschlängeln. Auch die Wippe, über die der Hund balancieren muß, ist eine schwierige Übung. Der Parcours erstreckt sich über 100 bis 200 m und 10 bis 20 Hindernisse, je nach Turnierart oder Prüfung für Anfänger und Fortgeschrittene. Großer Beliebtheit erfreut sich der Miniparcours für kleine Hunde, die besonders wendige und begeisterte Agility-Sportler sind.

Agility ist ein wundervoller Freizeitspaß, stellt aber hohe Anforderungen an das Team, wie Konzentration auf den Parcours und Partner sowie Schnelligkeit, denn die Zeit des zuletzt

Hindernislauf im Turniersport für Hunde: z.B. die Tonne und der Laufsteg. Diese Disziplin macht den Hunden riesigen Spaß.

durchs Ziel Kommenden zählt. Der Hund darf während des Wettkampfs kein Halsband tragen und niemals Körperkontakt mit dem Führer haben, noch darf dieser ein Hindernis berühren. Der Hund muß sprichwörtlich „aufs Wort" folgen!

Man sollte schon den Junghund an seine künftige Aufgabe heranführen, sowohl in puncto Gehorsamsausbildung als auch an die Hindernisse. Doch zunächst muß man eine Motivation finden, für die er alles zu tun bereit ist, z. B. ein Bällchen, ein Quietschtier oder einen Leckerbissen. Die höchste Belohnung ist immer das Spiel mit dem geliebten Gegenstand oder der Leckerbissen. Anfangs wird der Hund an niedrige Hindernisse herangeführt, die er leicht überwinden kann. Hat er erst einmal begriffen, worum es geht, wird er begeistert mitmachen. Eines ist klar, unter Zwang macht Agility keinen Spaß – ein lustlos arbeitender Hund wird nie wettbewerbsmäßig Agility betreiben können. Freude am gemeinsamen Spiel ist der einzige Schlüssel zum Erfolg. Viele Hundesportvereine besitzen Agility-Hindernisse. Auch wenn es nicht zum Wettkampf reicht, der bei der starken Konkurrenz konsequentes Training bei Mensch und Hund voraussetzt, sollte man seinem Hund den Spaß gönnen.

MOBILITY ▶ Eine noch relativ unbekannte, aber sehr sinnvolle und nützliche Sportart ist „Beweglichkeit" – Mobility. Es geht dabei nicht um Schnelligkeit, sondern um das Überwinden von verschiedenartigen Hindernissen wie Rosten, Gittern, Planen, Röhren, Leitern usw. Dem Einfallsreichtum sind keine Grenzen gesetzt. Es geht nicht um Sieg und Niederlage, sondern nur um „bestehen" und „nicht bestehen". Ein Vorteil für manchen Hundebesitzer – auch ihm werden keine körperlichen Höchstleistungen abverlangt. Mobility eignet sich für alle Hunde, deren Körperbau einigermaßen natürlich geblieben ist. Es ist eine hervorragende Möglichkeit, den Hund an die verschiedensten Umweltsituationen zu gewöhnen, Ängste abbauen zu helfen und das Selbstvertrauen zu stärken.

OBEDIENCE – GEHORSAM ▶ In den angelsächsischen Ländern wird eine wettbewerbsmäßige Gehorsamsprüfung und sehr beliebte Sportart ernsthaft betrieben, bei der sogar Championtitel vergeben werden. Seit einigen Jahren faßt dieser Hundesport auch bei uns langsam Fuß. Hier wird vom Hund exaktes Ausführen von Gehorsamsübungen verlangt. Besonders schwierig sind die „Sitz"-, „Platz"- und „Steh"-Übungen, die der Hund in zehn Meter Entfernung exakt nach Anweisung auszuführen hat, ebenso wie Links- und Rechtswendungen oder Gehorsamsübungen mitten in der Bewegung beim Herankommen. Neben Apportieren und Sitzen in der Gruppe muß der

---

Wußten Sie,

daß Pfötchengeben ein Urinstinkt ist? Der Welpe massiert mit den Pfötchen, beim sogenannten Milchtritt die Milchdrüsen der Mutter, damit die Milch leichter fließt. Diese Bewegung wird später zur Bettelgeste. Schnell lernt der Hund, sie auf Aufforderung zu geben, wenn ein Leckerbissen folgt.

Hund einen vom Herrn berührten Gegenstand identifizieren. Das alles läuft fast geräuschlos ab. Hier werden keine Kommandos gebrüllt. Beim faszinierten Publikum herrscht atemlose Stille, bis die letzte Übung vollendet ist und das Mensch-Hund-Team unter tosendem Applaus in einer fröhlichen Spielrunde mit lautem Gebell die Spannung der äußersten Konzentration abwirft. Wettbewerbsmäßiges Obedience ist sicherlich eine Sache für Spezialisten, aber eine wundervolle, befriedigende, sinnvolle Beschäftigung mit dem Hund, die weitere Verbreitung verdient.

Es gibt noch zahlreiche Betätigungsmöglichkeiten mit dem Hund, wie Karrenziehen, Langstreckenwanderungen mit Packtaschen, Querfeldeinläufe usw., doch alle stecken sie leider hierzulande noch in den Kinderschuhen.

Mischlingshunde können bei entsprechender Größe und geeigneter Veranlagung in allen Hundesportvereinen in den klassischen Prüfungssparten ausgebildet werden.

▶ Begleithundprüfung
Eine Prüfung, die jeder Hund – ob groß oder klein – unbedingt ablegen sollte, ist die sogenannte Begleithundprüfung (BH). Neben den üblichen Gehorsamsübungen („bei Fuß gehen an der Leine", „Sitz" und „Platz") muß sich der Hund sicher und ruhig im Straßenverkehr bewegen, ohne sich und andere zu gefährden. Sie ist Voraussetzung für die Teilnahme an allen anderen Prüfungen.

Laika liebt ausgedehnte Spaziergänge ebenso wie die Lernspiele im Agility-Parcours.

▶   Ausbildungsmöglichkeiten

Für den Hausgebrauch ist die Ausbildung zum Wachhund (WH) durchaus sinnvoll. Hier darf der Hund nur wehren, aber nicht beißen. Neben den üblichen Gehorsamsübungen muß der Hund Wachsamkeit an einer langen Laufkette und hinter einem Zaun beweisen, ferner Eigentum seines Herrn verteidigen usw.

Eine Prüfung für Spezialisten ist die Fährtenhundprüfung (FH), die höchste Anforderung an die Nasenleistung des Hundes stellt. Er muß dabei eine nicht von seinem Führer stammende, einige Stunden alte Trittspur (Fährte) über verschiedene Böden, gekreuzt von verschiedenen Fährten, ausarbeiten und dabei ausgelegte Gegenstände finden. Eine schwierige Aufgabe, die intensives Training erfordert.

SCHUTZHUND ▶   Sie wurde ursprünglich entwickelt, um für den Polizei- und Militärdienst vorgesehene Hunde überprüfen zu können. Diese rein zweckdienliche Arbeit verselbständigte sich rasch zum sogenannten Schutzhundsport, der viele Jahrzehnte mit großer Begeisterung betrieben wurde. Im Gegensatz zu einer weit verbreiteten Meinung ist eine gründliche Unterordnungsausbildung, d. h. zuverlässiger Gehorsam, vorrangig. Erst wenn ein Hund das Ziel erreicht hat, wird er an die Mannarbeit herangeführt. Der im Hundesport geführte Hund mit einer bestandenen Schutzhundprüfung hat gelernt, nur unter bestimmten Voraussetzungen gezielt zu beißen, sofort loszulassen, wenn der „Scheintäter" stillsteht, und vor allen Dingen auf das Hörzeichen „Aus!" sofort loszulassen. Die Schutzhundprüfung (SchH) besteht aus
Teil A Fährte: Ausarbeiten einer menschlichen Trittspur und Finden von Gegenständen auf der Fährte,
Beil B Unterordnung: Leinenführigkeit, „Bei Fuß" ohne Leine, „Sitz", „Platz", Apportieren über die Meterhürde und zu ebener Erde, Voraussenden mit „Platz",
Teil C Schutzdienst: Stöbern nach einer versteckten Person und Verbellen, durch Zubeißen in den Hetzärmel des Helfers einen Überfall auf den Führer

Gehorsam im Straßenverkehr ist lebenswichtig!

Durch Verbellen zeigt der Hund an, daß er in den Trümmern eine Person gewittert hat.

wirksam verhindern, den fliehenden Scheintäter stellen, bei dessen Angriff auf den Hund in den Arm packen und festhalten.

Die Übungen werden von Stufe I bis III schwieriger. Zur Vereinheitlichung der Prüfungen bei internationalen Wettbewerben wurde die IPO (Internationale Prüfungsordnung) entwickelt. Auch Mischlingshunde sind bei entsprechender Größe und Veranlagung für diesen Sport geeignet.

RETTUNGSHUND ▶ Eigentlich gehört diese Ausbildung weder unter Freizeit noch Sport. Sie hat in den letzten Jahren an Bedeutung gewonnen, weil weltweit die Arbeit der Rettungshunde anerkannt und in allen Katastrophengebieten genutzt wird. Da sie aber nicht in Händen professioneller Hundeführer ist, sondern Hundeliebhaber in ihrer Freizeit auf eigene Kosten die

Hunde ausbilden, möchte ich sie anführen. Die Ausbildung zum Rettungshund ist eine wunderbare, sinnvolle Beschäftigung mit dem Hund. Viele Mischlingshunde bewähren sich in dieser Disziplin.

HUNDE HELFEN MENSCHEN ▶ Der Hund lebt vornehmlich in einer Geruchswelt. Sein Gehirn setzt aufgrund feinster Duftstoffe ein deutliches Bild auch von Dingen zusammen, die er nicht sieht. Bei ihm wirkt der Gesichtssinn eher unterstützend. Wir Menschen mit unserem verhältnismäßig unterentwickelten Geruchssinn sind deshalb auf die Hundenase angewiesen, wenn es etwas zu suchen gilt. Hunde können problemlos dazu ausbildet werden, vermißte Menschen in unübersichtlichem Gelände, unter Trümmern, Erdmassen, Schnee oder gar Wasser zu finden.

KATASTROPHENHUND ▶ Weltweit helfen Rettungshundestaffeln bei Erdbeben, Erdrutschen, Explosionen, Bergwerksunglücken usw., Menschenleben zu retten. Hunde suchen unter schwierigsten Bedingungen vermißte oder verschüttete Menschen und zeigen das Finden durch Bellen oder anderes antrainiertes Verhalten an. Sie müssen vollkommen gesund und vom Körperbau her fähig sein, schwierigstes Trümmergelände sicher zu begehen, Leitern zu erklettern, über hohe Gerüste zu balancieren, selbst vor schwankendem Grund nicht zurückzuschrecken. Eine Schulterhöhe von 50 bis 65 cm ist ideal, kleinere oder größere Hunde sind im Trümmergelände weniger beweglich. Für die Flächensuche (RH-F), bei der in der Regel vermißte Menschen gesucht werden, eignen sich auch etwa spanielgroße Hunde. Voraussetzung für die Ausbildung ist das Beherrschen der Unterordnung und Fährtenarbeit für SchHI. Die Ausbildung besteht in der Hauptsache in der Gewöhnung an alle möglichen Umweltgegebenheiten und Einflüsse wie Feuer, Rauch, Lärm, Wasser usw. Die Hunde werden aus Hubschraubern abgeseilt und arbeiten unter Tage in eingestürzten Bergwerken. Der Hund lernt, Trümmergelände, in denen sich Helfer versteckt haben, abzusuchen, und wird für jede richtige Anzeige tüchtig gelobt und belohnt. Den Hunden macht es Spaß, etwas zu suchen und dann für ein Erfolgserlebnis belohnt zu werden. Nur

Ausbildung zum Rettungshund ist keine Frage der Rasse, sondern der Nase.

nervlich und charakterlich einwandfreie, belastbare und ausdauernde Hunde, die ein inniges Vertrauensverhältnis zu ihrem Ausbilder haben, können diese Aufgaben bewältigen und unbeirrt unter höchster Konzentration nach Gerüchen fahnden, die auf Menschen, nicht etwa Tiere, tot oder lebendig, hinweisen. Auf keinen Fall dürfen sie aggressiv reagieren, wenn gefundene Menschen in ihrer Not beim Anblick eines großen, etwa bellenden Hundes in Panik geraten. Auch Artgenossen gegenüber müssen sie verträglich sein, denn es werden mehrere Hunde gleichzeitig eingesetzt, die sich nicht ablenken lassen dürfen. Der Hundeführer wird in Erster Hilfe, Trümmerkunde und moderner Kommunikationstechnik geschult. Er muß natürlich die Nasenarbeit des Hundes und das Verhalten von Geruchsmolekülen unter verschiedenen Witterungsverhältnissen und vieles mehr verstehen, um das Anzeigeverhalten seines Hundes richtig einzuschätzen. Jährlich wird die Tauglichkeit von Hund und Hundeführer überprüft. Das Training ist anstrengend, aber es macht Freude. Der Einsatz im Katastrophenfall ist freiwillig, und wer praktisch helfen will, muß damit rechnen, über Nacht in Katastrophengebiete in aller Welt abgerufen zu werden.

LAWINENHUND ► Diese Variante des Rettungshundes ist darauf spezialisiert, durch Lawinen verschüttete Menschen aufzufinden. Die Voraussetzungen sind die gleichen wie beim Katastrophenhund. Zusätzlich lernt er, sich im tiefen Schnee zu bewegen, per Sessellift, Gondel und allen möglichen Pistenfahrzeugen zu reisen, ja sogar mit dem Fallschirm aus Hubschraubern an den Unfallort gebracht zu werden. Die Ausbildung beginnt mit einem schneebedeckten getragenen Wäschestück. Immer tiefer werden die Gegenstände vergraben, immer länger im Schnee belassen. Schließlich werden Helfer in Schneehöhlen eingegraben, die der Hund nach intensiver Suche finden muß. Jeder Fund wird mit viel Lob und Freude belohnt und zum Erfolgserlebnis für den Hund. Auf das Suchen nach menschlicher Ausdünstung spezialisiert, stöbert er das ihm zugeteilte Gelände systematisch ab. Stößt die empfindliche Hundenase auf Witterung, zeigt der Hund scharrend und bellend an. Lebt der Verschüttete noch, arbeitet der Hund wie besessen, ist er tot, zeigt er deutlich ruhiger an, so als wäre er enttäuscht. Hunde spüren Menschen unter metertiefem Schnee selbst nach Tagen, unter Umständen noch nach Wochen auf. Der Hundeführer erhält eine Spezialausbildung in Erster Hilfe, Lawinen- und Schneekunde, Sondieren und die Kenntnis vermittelt, wie Geruch unter welchen Umständen auf die Hundenase wirkt (Schneeverhältnisse, Tiefe, Windrichtung usw.), damit der Hund möglichst gezielt und ohne Zeitverlust eingesetzt werden kann. Minuten können über Leben und Tod entscheiden. Lawinensuchhunde werden von der Bergwacht geführt. Private Hundebesitzer können die Ausbildung in Kursen mitmachen, doch hat sie eher sportlichen Charakter.

WASSERSUCHHUND ► Selbst unter Wasser verbreiten menschliche Körper gleichmäßig nach allen Seiten Gerüche und Gase, die an die Wasseroberfläche

dringen und von der Hundenase aufge-
spürt werden! Ausgebildet werden Was-
sersuchhunde anhand von Menschen-
haar, das sich als Übungsmittel am besten eignet. Der Hund findet es, in einem Strumpf verpackt, unter viel Lob
zunächst in Flachwasser schwimmend,
später wird es unter Wasser an unterschiedlichen Stellen und Tiefen versteckt. Der Hund sucht entweder
schwimmend oder vom Bootsrand aus.
Der Hund kann den Geruch nur da auf-
fangen und durch Bellen melden, wo er
auftaucht. Bei Fließgewässern kann das
an ganz anderer Stelle sein als die Duft-
quelle selbst. Der Hundeführer benötigt
deshalb gute Kenntnisse der Strömungs-
verhältnisse, der Temperaturen, der
Wasserschichten usw., um erfolgverspre-
chende Suchmaßnahmen einzuleiten.
Obwohl Hunde unter Umständen nur
indirekte Hinweise liefern können, erleichtern sie die Sucharbeit dennoch ungemein. Die Ausbildung ist noch nicht
sehr weit verbreitet und wird auch dort
durchgeführt, wo Katastropenhunde
ausgebildet werden. Die Hundeführer
arbeiten in der Regel mit den örtlichen
Behörden und der DLRG zusammen.

Dies sind nur einige Beispiele, wie man
mit Hunden – unabhängig von Herkunft und Rasse – sinnvoll arbeiten
kann. Es macht ihnen Freude, ihre angeborenen Fähigkeiten auszuleben.
Zwingen kann man dazu einen Hund
nicht. Nur gegenseitiges Verstehen und
Vertrauen ermöglichen solche Höchstleistungen.

▶ Hunde aus dem Süden

Jedem Mittelmeerurlauber fallen die
unterernährten streunenden Hunde
auf, die die Hotelmülltonnen nach

Freßbarem durchstöbern. Sie vermeh-
ren sich ständig, niemand kümmert
sich um sie, sie sind oft krank, von Parasiten befallen, durch Unfälle verletzt.
Inzwischen gibt es zahlreiche Tier-
schutzorganisationen, die sich dieser
armen Tiere annehmen und sie davor
bewahren, gefangen und getötet zu
werden. Deutsche Tierheime helfen
und übernehmen besonders gern die
kleinen Hunde, weil sie hier sehr gut
zu vermitteln sind und zum Unterhalt
der unerwünschten großen Mischlingshunde beitragen.

Oft nehmen Touristen auf eigene
Faust einen Hund mit nach Hause. Bei
allem Mitleid für die Kreatur – handeln
Sie nicht unüberlegt! Sie bringen die
nie erzogenen, ein freies Leben gewohnten Tiere in unsere „heile“, enge
Welt, erwarten vielleicht sogar einen
gehorsamen Hausgenossen. Neben
den kleinen Hunden, die prima Fami-
lienhunde abgeben, laufen dort vor allem Jagdhundmischlinge herum. Besonders die Podencos, die Hasenjagd-
hunde, die es im ganzen Mittelmeerraum gibt, erregen Mitleid, wenn sie
mitten im Gelände, an einer alten Tonne angekettet, in glühender Hitze ohne
Wasser und offenbar mit wenig Futter
dahinvegetieren müssen und nur zur
Jagdsaison freigelassen werden. Diese
schlanken, rotbraunen Windhunde mit
den großen Ohren sind wunderschön,
aber für unsere Welt nicht geeignet.
Lieb sind sie alle, aber sie sind ebenso
wie die zahllosen Pointer-Mischlinge
sehr selbständig, haben wenig Bindung
an den Menschen und sind nicht zu
halten, wenn ihnen Wild vor die Nase
bzw. Augen kommt. Hiesige Tierheim-
verwalter berichten, daß solche Hunde
häufig ausgesetzt werden, weil man ih-

Auch in Griechen-
land findet man die
kurzbeinigen
Mischlingshunde.

rer überdrüssig ist. Lassen Sie den Verstand und nicht das Herz walten. Unterstützen Sie lieber den örtlichen Tierschutzverein mit einer Spende, damit Tiere kastriert und gesundgepflegt werden können. Jeder Tierarzt kann Ihnen Adressen nennen.

Sollten Sie sich dennoch unsterblich verlieben, suchen Sie mit Ihrem Liebling einen Tierarzt auf und lassen den Hund dort vor Ort entwurmen. Der Tierarzt ist mit den richtigen Mitteln darauf eingestellt. Erkundigen Sie sich nach den aktuellen Bedingungen für die Durchreise anderer Länder und die Einreise nach Deutschland und nehmen die notwendigen Impfungen vor.

Wenn Sie fliegen, setzen Sie sich rechtzeitig mit der Reiseleitung in Verbindung.

Zu Hause sollten Sie sofort den Tierarzt aufsuchen, der auf Würmer untersucht und die Impfungen überprüft. Auch wenn der Hund vollkommen gesund erscheint, lassen Sie ihn auf die häufig im Mittelmeerraum vorkommenden ernsten Krankheiten wie Leishmaniose (nur schwer zu heilen und auf den Menschen übertragbar), Babesiose, Ehrlichiose und Herzwürmer untersuchen, um notfalls sofort, schon vor Ausbruch behandeln zu können und eine gute Heilungschance zu haben.

Service

Service

▶ Mixpuzzle

▶ Bongo: Schäfermix

Temperament, Lernfreude und Spiel-
trieb hat er geerbt. Unter seinen Vorfah-
ren sind Collie, Belgischer Schäferhund
und sogar ein Berner Sennenhund. Be-

kommt er genug Bewegung und eine
Aufgabe, vielleicht im Hundesport, ist
er zufrieden, denn er arbeitet gern mit
seinem Menschen zusammen.

▶ Laika: Die große Bunte

stammt von einem Bauernhof. Ihre
Mutter, eine Herdengebrauchshündin,
hat sich mit einem Schäfer-Irish-Wolfs-
hund-Mix eingelassen. Vom Irischen

Riesen hat sie die Gemütsruhe und
Freundlichkeit, vom Hütehund die Arbeitsfreude. Sie nimmt begeistert Neues auf und macht alles mit, weil sie
ihrem Frauchen voll vertraut.

▶ Lucky: Pudelmix

Pudel-Bearded Collie –
eine wunderbare Mi-
schung. Er ist ein fröhli-
cher, lebhafter, nie übel-
gelaunter Familienhund,
der mit den Kindern
durch Dick und Dünn
geht. Unermüdlich,

lernbegierig, sollte er sinnvoll beschäftigt werden. Das wollige Fell ist pfle-
geintensiv, kann aber durchaus kurz ge-
schnitten werden.

▶ Laborhund

Professor Horak benötigte für die gene-
tische Forschung Hunde und züchtete
anstelle teurer Beagles aus aufgelese-
nen Straßenhunden, Schäferhund und

Deutsch Kurzhaar seine Versuchstiere. Daraus entwickelte sich die Rasse Cesky Strakaty Pes, einfach zu haltende, lustige, wachsame, anpassungsfähige Begleiter älterer Menschen ebenso wie von Familien mit Kindern.

► Ginger: Hirtenhund-Jagdhund-Mix

Das selbständige, sich nicht unterordnen wollende Wesen des Hirtenhundes und die Jagdleidenschaft des Jagdhundes sind eine Mischung, der nur ein

wirklicher Hundekenner gewachsen ist. Solch ein Hund ist in der Familie brav und zärtlich, wird aber immer wieder eigene Wege gehen und niemals zuverlässig gehorchen.

► Wuschel

Er wurde von einem Züchter als Cavalier King Charles Spaniel erworben. Wer aber nun tatsächlich an seiner Wiege Pate stand, wird man nie erfahren. Wuschel ist ein braver Kerl, der weiß, was er will. Vom Pekingesen hat er eine

Portion Eigensinn geerbt, vom kleinen Spaniel Zärtlichkeit. Kleine Vierbeiner wie er werden selten Probleme bescheren.

► Wäller

Diese Mischung aus französischem Hirtenhund und Australischem Schäferhund hat viele gute Eigenschaften wie lebhaftes Temperament, Ausdauer und Arbeitsfreude. Kindern ist er ein geduldiger Spielgefährte. Ein Beispiel für eine gewollte Mischung mit dem

Zuchtziel eines hübschen, unkomplizierten, gesunden Familienhundes.

► Rex: Dackelmix

Ein Rauhhaardackel hat es geschafft, eine Schäferhündin zu erobern! Zweifel ausgeschlossen. Rex ist klein, stabil, wachsam – und stark wie ein Schäferhund. Mit Fremden spaßt er nicht. Seinen Dackeldickkopf setzt er manchmal auf und versteht es, sich mit seiner klugen, netten Art immer wieder durchzusetzen, ohne aufsässig zu sein.

Lexikon

AFTERKRALLE (Afterklaue, Wolfskralle) Meist verkümmerte fünfte Zehe an der Innenseite der Hinterläufe; wird bereits beim Welpen entfernt, da u. U. Verletzungsgefahr. Am Vorderlauf leicht zu übersehen und kann ungekürzt ins Fleisch einwachsen.

AGILITY Geschicklichkeitssport mit Hunden.

AHNENTAFEL Abstammungsnachweis des Rassehundes, gibt über die Herkunft des Hundes und damit seine Reinrassigkeit Auskunft.

ALBINO Tier mit vererbbarem, unerwünschtem Mangel von Farbstoffen (Pigmenten) in Haut und Haaren; Tiere sind weiß mit roten Augen und rosa Nasen usw.

APPORTIEREN Bringen von Gegenständen auf Kommando.

BEHANG In der Jägersprache hängende Ohren.

BRAND Helle Abzeichen auf dunklem Fell, Beispiel Rottweiler, Dobermann.

DOMESTIKATION Haustierwerdung von Wildtieren und Züchtung zum Nutzen des Menschen.

DRAHTHAAR Dichtes, kurzes, harsches Haar mit Bartbildung.

FÄHRTENMHUND (FH) Speziell auf das Ausarbeiten schwieriger Fährten (menschliche Fußspuren) abgerichteter Hund mit Prüfung. Ausbildung wird für alle Hundesportvereine angeboten.

FESSEL Vordermittelfuß.

FLANKE Weichteile zwischen Rippen und Keule.

GEBÄUDE Körperbau.

GEHÖR Beim Hund sehr gut entwickelt; steht an zweiter Stelle nach dem Geruchssinn. Vor allem hohe Töne, die das menschliche Ohr nicht mehr wahrnehmen kann, hört der Hund noch.

GERUCHSSINN Bestentwickelter Sinn des Hundes; leistet unersetzliche Dienste (Spürhunde aller Art).

GESICHTSSINN Nur mäßig entwickelt; räumliches und exaktes Sehen wohl nicht möglich, jedoch größeres Gesichtsfeld und dadurch schnelleres Erfassen von Bewegungen.

HÄNGEN Während des Deckaktes bleibt der Rüde durch einen Schwellkörper im Glied in der Hündin hängen. Gewaltsame und vorzeitige Trennung führt zu Verletzungen. Hundetypisch.

HANDSCHEU Ängstlicher Hund, der vor der Hand seines Herrn zurückweicht – Ausbildungsfehler.

HITZE Brunftzeit der Hündin, im allgemeinen alle sechs Monate.

HÜFTGELENKSDYSPLASIE Krankhafte Veränderung der Hüftgelenke, erblich und erworben. Weit verbreitet bei mehreren Rassen, kommt auch bei Mischlingshunden vor. Diagnose durch Röntgen.

KAMPFHUND Kräftige, schmerzunempfindliche, leicht in Angriffsstimmung zu versetzende Hunde, die speziell für den Hundekampf gezüchtet wurden.

KRUPPE Hinterteil des Hunderückens vom letzten Lendenwirbel bis zum Rutenansatz; gebildet vom Kreuzbein, den beiden Beckenbeinen und den bedeckenden Muskeln.

KUPIEREN Abschneiden von Ohren und Rute. Seit dem 1.6.98 in Deutschland verboten.

LÄUFIGKEIT siehe Hitze.

MANNSCHÄRFE Bei Bedrohung greift der Hund auch Menschen an.

▶ **MERLEFAKTOR** Erbanlage, die Farbverdünnung verursacht, dadurch Scheckung in Fell und Augen. Kommt auch bei Mischlingen vor. Paart man zwei, können fast weiße Tiere geboren werden, die meist taub oder blind oder beides sind.

▶ **MEUTE** Hundefamilienverband oder zur Hetzjagd verwendete große Anzahl von Hunden.

▶ **NASENSCHWAMM** Nasentrüffel, vordere Nasenkuppe.

▶ **RÜDE** Männlicher Hund.

▶ **RUTE** Schwanz.

▶ **SCHH** Schutzhund, SchH I, II und III = Prüfungsstufen.

▶ **SCHNALLE** Scheide.

▶ **STOCKHAAR** Kurzes bis mittellanges Grannenhaar mit sehr dichter, weicher Unterwolle (Deutscher Schäferhund), außerordentlich gut isolierend.

▶ **TRIMMEN** Ausrupfen abgestorbener Haare, um das vorgeschriebene Aussehen bestimmter Rassen (Foxterrier) zu erreichen.

▶ **VERKEHRSSICHERER BEGLEITHUND (BH)** Prüfung auf Gehorsam und Verkehrstauglichkeit. Sollte jeder Hund haben und wird in Hundesportvereinen auch für Mischlinge angeboten.

▶ **WELPE** Junghund bis zum zweiten Lebensmonat.

▶ **WIDERRISTHÖHE, SCHULTERHÖHE** Wird vom Boden bis zur höchsten Spitze des Schulterblattes in senkrechter Linie gemessen. Übliche Größenbezeichnung für Hunde.

▶ **WURF** Alle Welpen einer Hündin bei einer Geburt.

▶ **ZUCHT** Gezielte Vereinigung von Rüde und Hündin mit der Absicht, Welpen mit den erwünschten Eigenschaften der Eltern zu bekommen.

▶ **ZWINGER** a) Anlage zur Unterbringung von Hunden, b) Hundezucht (eine Zwingeranlage ist nicht notwendig).

► **Zum Weiterlesen**

Beck, Peter: Das Beste für meinen Hund. Profitips für Hundefreunde. Stuttgart, 1995.

Becvar, Dr. Wolfgang: Naturheilkunde für Hunde. Grundlagen, Methoden, Krankheitsbilder. Stuttgart 1994.

Brehm, Dr. Helga: Gesunde Ernährung für Hunde. Nahrungsbedarf, Futterbestandteile, Futtersorten, Akzeptanz, Verdauung, Diätfutter. Stuttgart 1993.

Brehm, Dr. Helga: Hundekrankheiten. Stuttgart 1995.

Durst-Benning, Petra und Carola Kusch: Der große Spiele-Spaß für Hunde. 60 Spiele für drinnen und draußen. Stuttgart 1997.

Durst-Benning, Petra: Kräuterapotheke für Hunde. Sanfte Medizin für unseren Hund; Natürlich heilen, Stuttgart 1998.

Feddersen-Petersen, Dr. Dorit: Hundepsychologie.

Wesen und Sozialverhalten. Stuttgart 1989.

Harries, Brigitte: Hundesprache verstehen. Stuttgart 1998.

Hertrich, Hans-Günther: Hundespaß Agility. Stuttgart 1998.

Jones, Renate: Welpenschule leichtgemacht. Stuttgart 1997.

Kejcz, Yvonne: So sag ich's meinem Hund. Eine Einführung in die Hundehaltung. Stuttgart 1992.

Kejcz, Yvonne: Unser Hund wird alt. Pflege, Ernährung, Beschäftigung, Gesundheitsvorsorge. Stuttgart 1994.

Krämer, Eva-Maria: Das Kosmos-Hundebuch. Hunde halten, kennen, verstehen. Stuttgart 1995.

Krämer, Eva-Maria: Der Kosmos-Hundeführer. Stuttgart 1995.

Krämer, Eva-Maria: Kleine Hunde – große Freunde. Stuttgart 1996.

Lausberg, Frank: Erste Hilfe am Hund. Symptome erkennen, Maßnahmen ergreifen, extra: Gesund-

heits Check. Stuttgart 1999.

Pryor, Karen: Positiv verstärken, sanft erziehen. Stuttgart 1999.

Rakow, Dr. Barbara: Der homöopathische Hundedoktor. Stuttgart 1999.

Ross, John und Barbara McKinney: Hunde verstehen und richtig erziehen. Stuttgart 1994.

Ross, John und Barbara McKinney: Welpen-Kindergarten. Erfolgreiche Hunderziehung von Anfang an. Stuttgart 1997.

Schmalfuß, Ute: Mein Hund. Das Fünf-Punkte-Wohlfühl-Programm für Ihren Hund. Stuttgart 1998.

Stein, Petra: Bachblüten für Hunde. Stuttgart 1997.

Tellington-Jones, Linda und Kirsten Henry: Das Tellington-Training für Hunde. Stuttgart 1999.

Tellington-Jones, Linda und Sybil Taylor: Der neue Weg im Umgang mit Tieren. Die Tellington-TTouch-Methode. Stuttgart 1993.

► **Adressen**

Deutscher Tierschutzbund e.V.
Baumschulallee 15
53115 Bonn
Tel.: 0228-6 04 96-0
Fax: 0228-6 04 90 641

Schweizer Tierschutz STS
An der Birsfelder Str. 45
CH-4052 Basel
Tel.: 061-36 11 515
Fax: 061-36 11 516

Zentralverband Österreichischer Tierschutzvereine
Khleslplatz 6
A-1120 Wien

TIERGESUNDHEIT
Bundes-Tierärztekammer
Oxfordstr. 10
D-53111 Bonn

Deutsche Gesellschaft der Tierheilpraktiker
Husemannstr. 24–27
45879 Gelsenkirchen

HAUSTIERREGISTER
IFTA Internationale Zentrale Tier-Registrierung
Weihersstr. 8
88145 Hergatz

TASSO
Haustierzentralregister für die BRD e.V.
Frankfurter Str. 20
65795 Hattersheim

Bildnachweis

Kosmos Bildarchiv (Christof Salata S. 9, 12/13, 20, 28, 33, 44, 46/47, 48, 55, 64/65, 79, 80/81, 82/83, 86/87, 89, 90/91, 97, 99, 100, 104/105, 107, 116, 117 links oben, 123, 124 rechts, Ralf Roppelt/Sahara Werbeagentur alle Kennfotos der Kapitel 2–7 sowie S. 56); C. Frank S.72, Juniors Bildarchiv (Botzenhardt S. 52/53, U. Schanz S. 23, 108, Chr. Steimer S. 30/31, P. Witzke S. 18, J. und P. Wegner S. 22); Eva-Maria Krämer S. 8, 10, 19, 24, 25, 29, 38, 43, 50, 63, 67, 73, 75, 92, 98, 103, 110, 112, 117 links Mitte und rechts oben, Mitte und unten, 124 links; Lothar Lenz S. 102; W. Layer S. 1; Rauth-Widmann S. 109, Reinhard Tierfoto S. 40/41, 114/115; C. Toischel Kennfoto Kapitel 1 S. 3 sowie S. 15, 119. Zeichnungen von Elke Jarnut S. 69ff, Mia Ejerstad-Conti S. 93ff, Milada Krautmann S. 61 sowie Schwanke & Raasch S.60.

Umschlaggestaltung von Atelier Reichert, Stuttgart, unter Verwendung von zwei Farbfotos von Christof Salata aus dem Kosmos Bildarchiv sowie eines Fotos von Barbara Bäuerle-Vogt (Vorderseite unten).

Mit 93 Farbfotos und 17 SW-Zeichnungen

Alle Angaben in diesem Buch sind sorgfältig geprüft und geben den neuesten Wissensstand bei der Veröffentlichung wieder. Da sich das Wissen aber laufend weiterentwickelt und vergrößert, muß jeder Anwender selbst prüfen, ob die Angaben nicht durch neuere Erkenntnisse überholt sind. Dazu gehört z.B., im Zweifelsfall den Tierarzt zu konsultieren, Beipackzettel zu Medikamenten zu lesen, Gebrauchsanweisungen und Gesetze zu befolgen.

Die Deutsche Bibliothek – CIP-Einheitsaufnahme

Mischlinge : [Auswahl, Haltung, Erziehung, Beschäftigung] / Eva-Maria Krämer. – Stuttgart : Kosmos, 1999
    (Praxiswissen Hund)
    ISBN 3-440-07684-9

© 1999, Franckh-Kosmos Verlags-GmbH & Co., Stuttgart
Alle Rechte vorbehalten
ISBN 3-440-07684-9
Lektorat: Cordula Beelitz-Frank
Projektleitung: Angela Beck
Grundlayout: Friedhelm Steinen-Broo, eSTUDIO CALAMAR
Herstellung: Kirsten Raue
Satz und Layout: TypoDesign, Radebeul
Printed in Czech Republic / Imprimé en République tchèque
Druck und Binden: Těšínská Tiskárna, a. s., Český Těšín

Hundepaß

NAME

GESCHLECHT

TÄTOWIERUNG

GEWORFEN AM

BEKOMMEN AM

BESONDERE MERKMALE

WICHTIGE ADRESSEN

TIERARZT

TIERÄRZTLICHER NOTDIENST

HUNDEVEREIN

HUNDEPENSION

HAFTPFLICHTVERSICHERUNG

ZOOFACHHANDEL

InfoLine

Eva-Maria Krämer

hat langjährige Erfahrung in der Haltung, Pflege, Erziehung und Ausbildung von Hunden unterschiedlicher Rassen.

Vielen Hundefreunden ist sie durch ihre zahlreichen Hundebücher im Kosmos-Verlag, Hundezeitschriftenartikel und Hundefotos ein Begriff.

Sie können sich mit Ihren Fragen und Problemen zu Mischlingshunden an Eva-Maria Krämer wenden. Schreiben Sie an die Hunde-InfoLine (bitte mit Rückporto):

Kosmos Verlag
„Hunde-InfoLine"
Postfach 106011
70049 Stuttgart